나는 왜 네 말이 힘들까

為什麼愈溝通愈受傷

告別情緒崩壞,擺脱慣性溝通,
解開扭曲關係的51個對話練習

朴宰蓮——著
賴姵瑜——譯

楔子

對話溝通的目的，不在解決一時的問題，
而是建立一段心靈彼此連結的相互關係。

備註：
本書介紹的內容中，有一部分係摘錄自或再引用《對話通暢，職場通暢》（말이 통해야 일이 통한다）一書。因該內容是為使對話連結更為豐富的必要部分，在取得遠見與領導力出版社之同意後，重新編寫收錄，特此告知。

前言

重新學習「對話」

小學低年級時，父親曾經狠狠打了我一頓，那天晚上，看見自己把心愛的女兒打成這樣，他感到無比懊悔。但是，他並沒有道歉說：「對不起！」只是問了一句：「還好嗎？」我正眼都不瞧地回答：「還好！」雖然心裡一直吶喊：「一點也不好！」、「好痛！」但因為害怕坦誠真實的內心，所以我．說．謊．了。

正如我在演講或書中多次表白，幼時的經歷使我極為關注「人際關係內在的暴力性」，想要了解「對話」在人際關係中扮演的決定性角色。

什麼是所謂的「說話」？

什麼是所謂的「聆聽」？

即使想要好好對話溝通，卻不知道該如何「說話」、該如何「聆聽」；即使用腦思考，勉強懂了該怎麼做，卻無法按照「懂」的方式去做，因此讓對方受傷，甚至錯失了生命中珍貴的人，這種類似情形屢見不鮮。

「對話」是袒露自我

人的品性，最終會從與他人互動的對話溝通中表露出來。不管在任何情況，我們都可以選擇自己的「對話」態度。我們能夠自己形塑內在修養，同時也能自毀修養。

即使學習了「對話」，人的品行也不會某一天驟然改變。對方不會忽然悉心聆聽我說的話，討厭我的人也不會突然變得喜歡我。

但，看對方的視線會產生變化，

理解他人的能力會增強，

能夠鼓起勇氣改善失諧的狀況，

對話溝通的技術與方法也會變得完全不同。

做到「好好」對話的兩個條件

如果你只要開始與他人對話，每次都口不應心，內心糾結，常常一轉身就後悔的話，請謹記以下兩件事：

第一，我們是遲早會離開人世的有限存在

現代人的生活方式，彷彿以為自己永遠不會死亡。為了確保未來的生活能夠比現在更成功、更安穩，所以總是在做很多的準備，卻因此擱下與心愛家人和朋友共處的時光，也不急著與孩子促膝對坐，暢聊日常點滴。

另外，這種不會死的氣勢也常常表現在爭吵的時候。不管多麼愛家人、朋友，發起脾氣就炮火全開，相互攻擊，堅持己見，拳腳交加，嘴裡還會說出最令對方傷心的話語，以為日後總有時間可以和解、原諒和道歉。

但，我們遲早都會死亡。而且，誰也無法知道何時會死。所以，繼續活著（living）其實與接近死亡（dying）同義。我們今天繼續活著一天，同時也更接近死亡一天。

今天早上狠狠吐出的一句話，可能是親愛的父母這輩子聽到的最後一句話，從此再也無法乞求他們的原諒。生活中總推遲著陪伴孩子玩耍的微小幸福，殊不知今日或許是能夠陪孩子玩耍的最後一天。闔上眼睛的那瞬間，恐怕再也無法留給孩子任何瑣細的回憶。

如果我們時時謹記人遲早會死，

這會讓我們知道生命中什麼東西才是重要的，

賜予我們應當如何說話與聆聽的智慧。

第二，相信言行舉止是自己能夠選擇的

過去早上一睜眼，習慣先思考「今天該做什麼事？」而不是「今天我想做什麼？」如果只專注在「該做什麼事」的行為，雖然會把該做的事情做好，但不易察覺那件事對自己有何意義。也就是說，即使知道什麼是該做的事，卻難以回答藉這件事能夠滿足自己的「什麼」願望。這種義務性的生活態度，經常會讓我們忘卻在生活中，其實擁有自行選擇許多事情的能力。

「對話」也一樣。基於義務說抱歉、流於形式說感謝，甚至把愛掛在嘴上也是出於習慣。

譬如，**對方說：「今天我好累。」**如果這句話聽了好多次，已經聽到不想聽，**不自覺就脫口**

說出：「又來了，只有你一個人累嗎？」未經深思而不自覺吐出的話語，現在化為我們的相互對話與關係。此一形態的對話，原原本本呈現出無意識的對話結構，在對方給予的刺激與自己表現給對方看的反應之間，是沒有任何空間的習慣性回應。

但是如下圖所示，如果我們在聽見對方說什麼話（刺激）時，可以：

暫時停頓，

深呼吸，

帶著好奇心細細思考，

就能說出不同以往的對話（反應），建立起不一樣的關係。

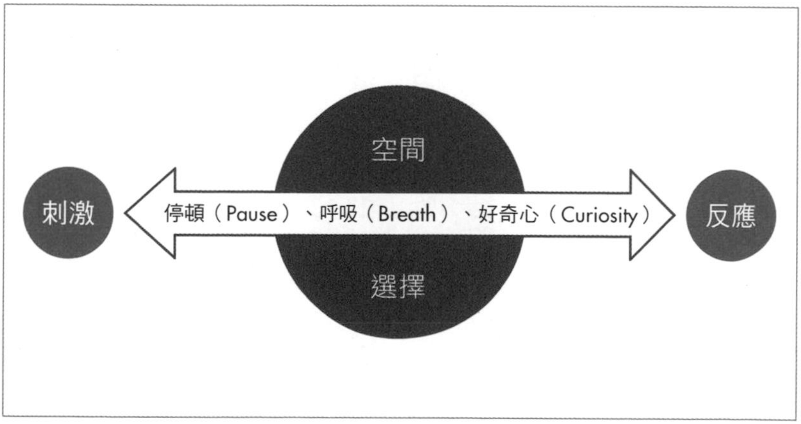

心理學家維克多・法蘭可（Viktor E. Frankl）[1]曾說：「人最後的自由意志是在既定環境中選擇自己的生活。刺激與反應之間存在著空間，而在這個空間裡的選擇決定了我們的生活質量。」舉例來說，**當對方說：「今天我好累。」（刺激）**我們可能會想：「今天他很累啊，我今天也好累，我們倆今天都度過疲憊的一天。」只要像這樣暫時冷靜一下，就能選擇不同的反應。此刻，用的就不會是斥責的言語，**而是：「你也很累啊，我今天也累壞了，今天我們倆都需要好好休息。」（反應）**

這樣簡單的對話就能讓彼此關係產生巨大差異，之所以無法如此對話的理由，絕不是因為我們缺乏這麼做的能力。真正的原因在於，**聽見對方話語的瞬間，不自覺的習慣性、形式性、義務性的言語就會脫口而出；即使平日在對話溝通方面深思熟慮，但實際上遇到對話的關鍵時刻，卻常不經思索就隨口做出反應。**

因此，本書中我們將會練習在自己心中的心理空間停頓、呼吸、保持好奇心，用一點時間來選擇自己的言行舉止。假設我的反應會直接決定所有建立人際關係的質量，我們就有重新練習對話的充分理由與價值。

因此，

讓我們做一次深呼吸，

一起來學習過去未能正確學習的對話吧！

由衷感謝得以從事

對話訓練、衝突調解、創傷諮商工作的，

朴宰蓮

❶ 維克多．法蘭可（Viktor E. Frankl，一九〇五～一九九七），奧地利神經學家、精神病學家，維也納第三代心理治療學派——意義治療與存在主義分析（Existential Psychoanalysis）的創辦人。

目錄

本書結構

本書的編排盼能引導讀者懷著正向意圖進行**說話練習**，運用正確詮釋進行**聆聽練習**。

本書透過聆聽與說話練習，幫助曾因言語受傷或有過關係破裂經驗的人們，在關照自己內心之餘，還能與珍視之人恢復關係的對話指南。

書中首先檢視會阻斷人際關係的對話要素（第一章）、使關係變幸福的對話要素（第二章），然後練習好好聆聽（第三章）、學習正確說話（第四章）。

接下來，為了在生活中與他人建立起健康的人際關係，再做有關拒絕、說出感謝心意、調解衝突的必要練習，學習如何好好解決衝突，面對任何衝突都不再逃避閃躲。

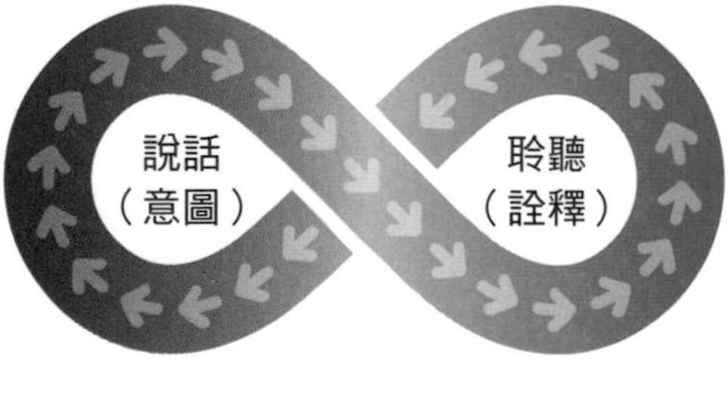

請你這樣做

本書內含許多溝通過程的對話練習。

如果你想與某人一起練習對話：

1 當對方說話時：

——停下手邊動作，

——閉上嘴巴，

——眼睛注視對方。

2 進行對話練習時互相說的話，請「以緘默給予保護」，只放在自己心中，不要告訴其他人。

3 想要提出建議時，先向對方「詢問是否願意聽聽」自己的建議，確認後再給建議。

給指導或陪同對話練習的人：

1 請先與親朋好友進行至少為期一年的練習訓練。

2 請盡量按照本書順序進行。

3 聽到不同的想法或意見時，先不要下論斷指出錯誤，請說：「謝謝您表達意見。」

4 對話沒有正確答案，所以不同意對方的想法時，請說：「我的想法是……」

5 不要評斷成員的意見與經歷，胸懷「歡迎所有意見」的雅量。

我下定決心

對話練習的目標

我想透過這本書中的對話練習

與＿＿＿＿＿＿

成為＿＿＿＿＿＿＿＿＿＿＿＿的關係。

這對我的人生

有＿＿＿＿＿＿＿＿＿＿＿＿的意義。

Chapter 1

讓關係變得痛苦的對話要素

- ◆ 自動化思考
- ◆ 認知扭曲
- ◆ 核心信念

自動化思考

愈對話愈陷入爭吵的泥淖

「我以後不會再跟你說了。」

「算了，都是我的錯。」

「你也管太多了吧！」

如果互相用這種方式說話，這段對話完全失敗。

那什麼是成功的對話呢？

「跟你把話說清楚還真是做對了呢。」

「謝謝你聽我講話。」

「託你的福，現在我心裡舒服多了，也知道該怎麼做了。」

如果是用這樣的言語溝通，對話是成功的。

兩者的差別在哪裡？

差別來自我們的「瞬間思考」。

當對話沒有按照自己的意思走時，許多人會數落對方或厭惡自己，認為對話是失敗的，所以沒有為可以重新與對方恢復關係留一些餘地，甚至認為必須斷絕關係，也有人會指責自己、怪罪自己，內心懊惱不已。

但回過頭看，陷入長期討厭某人的情緒，索性斷絕關係的那段時間，自己心裡是不是也很難受？也曾多次感到深深懊悔呢？

本書不會把對話失敗的原因放在自己的人格上，而是只放在我們的「瞬間思考」上。瞬間思考並不是我們長久以來的想法，**而是不知不覺中突然自動浮現的想法，也就是說，自動化思考**❶**顯然是導致對話失敗的元兇。**

如果將突然浮現的自動反應化為言語脫口而出，對話就會遇到許多困難，來來回回反覆如此，衝突只會更深。

❶自動化思考是大腦感知到壓力後所產生的自動反應，也是下意識、非自覺且不費力的思考模式，導致當事人自我批判，感到絕望、自我挫敗。由認知療法創始人、美國精神科醫師亞倫·貝克（Aron T. Beck）所提出。

阻斷對話的自動化思考模式

什麼是阻斷對話的自動化思考？

「阻斷對話模式」源於六種自動化思考（Automatic Thought）：①判斷；②指責；③強迫、威脅；④比較；⑤理所當然、義務化；⑥合理化。

上週末，我和交往三年的男友吵架了。

那天我們約兩點見面。和平常一樣，總是我先到。等待的時候，隔壁桌有個男生先到，不久女生也來了。我從來不期待這種事會發生在自己身上。果然那天男友還是晚了十五分鐘才到。他笑嘻嘻地走進來，沒有道歉，劈頭第一句話是：「你幹嘛這麼早來啊？」原本忍住的怒火突然爆開，話一股腦就脫口而出。

「喂！我早來？應該是你晚到吧？」——1判斷

「你到底有沒有時間觀念？你上班也是這樣每天都遲到嗎？」——2指責

「跟你說了好幾次要守時！」——3強迫

「隔壁桌都是男生先來等女生，你看了都不覺得丟臉嗎？」——4比較

「守時不是最基本的嗎？」——5理所當然

「如果你道過歉，我還不會這麼生氣。」——6合理化

就女友的立場，她等人等得很不是滋味，已經心煩氣躁了。要是男友誠心道歉，或者謝謝她的等候，便相安無事，但男友卻以開玩笑的口吻，想要敷衍過去，所以她不自覺就把話劈哩啪啦說出來。

然而，這樣的言語大部分都無法得到對方發自內心的道歉。在這種情況下，或許對方會習慣性地重複說著：「對不起、對不起」，也可能一起發脾氣，說出以下的話：

「我是每次都遲到嗎？」——合理化

「妳就從來沒遲到過嗎？」——比較

「妳都只看到我的缺點嗎？」——判斷

「如果妳好好得說話，我本來打算道歉的。」——合理化

「別再用這種方式跟我說話。」——強迫、威脅

男友聽了女友的話也感到不悅，習慣性地做出反應，同樣是以阻斷對話的自動化模式回話。

因此，自動化思考就成了兩個人愈來愈難對話的原因，尤其是在不滿時（所謂心情差時）反覆訴說下更是雪上加霜。

—連結對話練習—

為什麼愈對話愈挫折？

原因在於「自動化思考」。

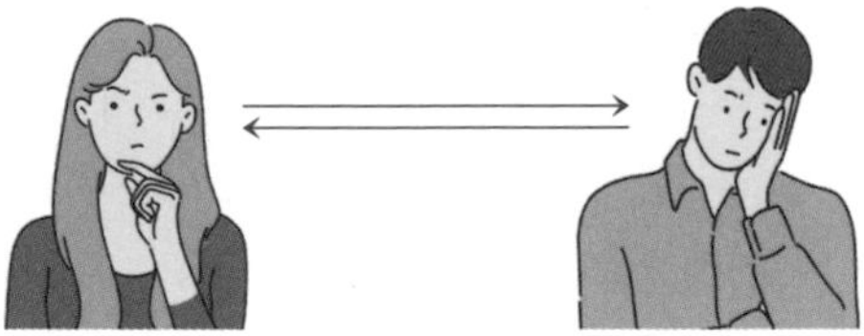

自動化思考

1. 判斷
2. 指責
3. 強迫
4. 比較
5. 理所當然
6. 合理化

腦中突然浮現的自動化思考有六種模式，
若信以為真而開始互相堅持自我立場，
對話將會給彼此留下傷害。

1 首先，請將上表拍照，存成手機桌布。

2 一週內請隨時確認自己「說出的話語和聽到的話語」是屬於哪種自動化思考模式。

方法 確認自己說出的言語和聽到的話語為自動化思考的何種模式。

範例

• 今天我對金次長說：「都當次長了，到現在還不知道報告的基本內容？」

——我今天做的是自動化思考的「判斷」（你不知道）與「理所當然」（身為次長當然必須知道）。

• 今天早上聽到太太向兒子說：「你每天都這麼懶散嗎？」

——太太今天向兒子做的是自動化思考的「判斷」（懶散）。

※比起下定決心改掉自動化思考，卻無法做到，更有效的做法是了解自己說的話是自動化思考。因為自動化思考很難用意志控制，只要承認與認知到自己正在做自動化思考，對於對話就有莫大助益。多多練習，就會明白這一點。

一對一練習

請看以下提問，各自回想自己的實例，嘗試說明相關的自動化思考與六種模式。透過互相提問，確認自己是否清楚明白且能夠說明這個概念。

提問

1 這段期間我向誰說出最多自動化思考的言語？

2 請寫下還記得當時說的哪些話並分享出來。

覺察自動化思考模式

如果沒有覺察到自己的自動化思考，生活中總是以習慣性對話一來一往，有時無意識脫口而出的言行，不但無法起到與對方順利連結關係的作用，反而只會使關係變決裂。與其評判該模式對話的「好、壞」，更要注意的是，用這種方式進行溝通，並不容易與對方好好相處，自己也不會幸福。

導致對話被阻斷的自動化思考，我們再仔細檢視一下它的六種模式：

1 判斷

「他討厭我。」

「父親以前是很和藹的人。」

判斷，意指看著對方或外在就逕自做出解讀的「個人框架（frame）與思考」。對話時做判斷，就是用自己的標準來解讀對方言行的「對、錯、好、壞」。在生活中，我們都擁有自己的對錯標準。每個人的生活環境、經驗和學習不同，標準當然因人而異。做出的判斷有正面，也有負面，負面判斷有時會導引向指責對方。

2 指責

「如果不是我，誰會把那麼無能的傢伙當上司看。」

「真是個沒有人性、不知感恩的混帳……」

指責，這是判斷的一種形式，但解讀上帶有負面含義，表達中隱含「錯在對方、對方有問題的想法」。指責某人時，前提是「我沒有錯，對方有錯」，為了解決錯誤，暗中認為對方活該受到攻擊，他被貼上負面標籤也沒關係。當我們相信衝突原因歸咎於對方，相信是對方做錯，所以遭受攻擊也沒關係時，我們就會沒有顧忌地指責對方，甚至過分的話語也會不斷脫口而出。

3 比較

「上次的代課老師真的很棒，這次怎麼來了個那種人啊！」

「為什麼我沒辦法像他那樣，能夠圓融地打好人際關係？」

比較，有時是對方沒有按照自己意思做，即使會令對方羞愧也要糾正對方的一種表達方式。

用「他不會這樣，你為什麼這樣？」的說法，想讓對方覺得羞愧，以為自己做錯什麼而採取行動。聽到這類比較的人，自然會感到愧疚，但更大的問題是，小時候經常被家長如此比較的人，很難會肯定自我。

4 強迫

「趁我還在好好說話的時候，照著我的話去做。」

「即使委屈，也只能忍氣吞聲、迎合討好，才有辦法生存下來。」

強迫，是不惜利用實質暴力、武力或恐懼，讓對方有所動作的常用方法。讓對方害怕失去、恐懼受損而有所動作，一旦相信這種做法正確時，就會肆無忌憚地使用強迫與威脅方式。在許多情況下，這是權勢者要求弱勢者有所動作時慣用的對話方式。他們沒有意識到那是多麼的暴力，只為了得到自己想要的結果（對方的行動）就毫不留情下手。

5 理所當然

「擔任組長已經三年了，當然得要做到這個程度。」

「我這麼笨，活該被這樣對待。」

理所當然，這是一邊主張「只要是人就該這樣做」，同時默默強迫對方做某種行為的對話方式。但是，「該這樣做」的標準極其主觀。有時候，說話的人說得很絕對，但沒有特別理由，僅僅是因為在他的認知標準裡，只要是人就理應那麼做。他們常用這樣的話語，使對方產生罪惡感、削弱對方的力量。「哪有什麼理由，這是理所當然的啊！」的言語裡，通常蘊含著「我沒辦法解釋為什麼要做這個，我也不知道，所以別問了。」的想法。

6 合理化

「我之所以罵他，是因為他有問題。」

「如果你把事情做好，我就不會生氣。」

合理化，這是說話者不反省檢討自己的行為，反而找理由怪罪他人時展現的表達方式，也是感到後悔而想解決問題時會用上的對話模式。無法直接地表達出自己的罪惡感，又想要對此說明，卻往往留給對方更多痛苦。「我當時也沒辦法，別以為我都這麼暴力。」這種模式的說法終究認為自己的言行只是迫於情勢或對方所致，藉以擺脫自己的不適感。此一形態的合理化，雖然會讓自己心裡比較好過，但對於聽話者來說，卻非常不舒服。

連結對話練習

1 請寫下這一週「我說的話，以及言語屬於自動化思考的哪種模式」。

範例 「為什麼你沒辦法像姊姊一樣好好準備？」

——我對孩子做了自動化思考的比較。

2 請寫下這一週「我聽到人們說的話語，以及它是自動化思考的哪種模式」。

範例 捷運上聽到的話：「這位太太！妳真的很沒有禮貌！沒水準……」

——那個人做了自動化思考的指責。

自動化思考對於情緒及行為的影響

雖然將自動反應化為對話，並不是一定會發生與對方爭吵或令人不舒服的結果。但若是將自動化思考信以為「真」而進行對話，我們就更可能只會按照熟悉的習慣生活，反而無法意識到自己想要什麼並且表達出來。一旦自動化思考被當成真實想法，就會變得僵化固執，如果不經過濾就延續到對話中時，縱使在過程中產生衝突，也無法理解真正的問題所在。

對話會自然流露出想法，這是因為我們的所思所想會對情緒與行為產生重大影響。思考方式不一樣時，我們的情緒或行為就會發生改變，對話自然也有所不同。因此長輩總是叮囑要正面思考，就是盼望我們能善言善行。但是，**要練習健康的對話，不是停止負面思考、努力正面思考，重要的是「意識到該想法」的訓練，無論是正面或負面。**若對自動化思考毫不懷疑，信以為真地繼續生活，我們的情緒與行為便會逐漸脫離控制，或者在無意間習慣性地暴走。

我們再來仔細檢視一下自動化思考與情緒、行為之間的關係。

情緒會隨著自動化思考出現各種變化

我們看到毒蛇會非常害怕，但對於訓練有素的馴蛇師來說，「眼鏡蛇」就不會是令人懼怕的刺激。這是因為他們與眼鏡蛇相處的經驗不同，所以看到眼鏡蛇時，腦中浮現的思考異於常人所致。

馴蛇師：眼鏡蛇→「哇！牠身上的鱗片真漂亮！」→感到興奮好奇。

一般人：眼鏡蛇→「被牠的毒牙咬到就死了！」→感到驚慌恐懼。

經驗會如此形塑自動化思考，思考又會影響情緒。這種思考是經過自我解讀的結果，因此會影響到我的情緒。如果認為自己寒酸落魄，情緒上也會感到畏縮而悶悶不樂。

「我不是個好父母。」→感到內疚不安。

「我是個沒用的人。」→變得無力，內心鬱悶。

行為可能會隨著自動化思考而有所不同

我們會相信自己的思考是事實而據以行動。而按照不同的思考，行為可能採取吵架、逃避刺激的方式，或者被刺激擊倒，什麼也做不了。雖然這些行為主要是以憤怒、不安、抑鬱等情緒做為基礎，但往往還沒有時間認識到這些情緒，就已經表現成行為了。

• 用力吵架

主管指出錯誤時：「你瞧不起我！」的想法↓可能用指責的話語或譏諷的態度，向對方行使暴力。

如果判斷對方的言行是瞧不起我，為了解決這種情形，很可能就跑向對方，直接用言語和行動攻擊。例如，在開車差點發生車禍的瞬間，下車大吼大叫吵架，正是屬於這種方式。心裡想著：「那傢伙差點就害死我！」同時還可能在車子裡喃喃自語道：「真是個瘋子。」

• 逃避刺激

輪到要上台報告的日子：「我一定又會失敗。」的想法↓找藉口不去參加可能會失敗的場合。

若是試了好幾次都未能如願，我們可能會藉由重複的經驗，想像下一次會發生的事，或者觀察想避開的狀況。事先設想參加聚會可能會遇到不愉快的情況，就假借其他事情避開，正是屬於這一類。

● 被刺激擊倒而什麼也做不了

主管指責報告出錯時：「我真沒用。」的想法↓什麼事也不做。

舉例來說，如果是一名上班族，在威權的主管面前遭追究或催促，會有什麼樣的反應呢？許多人都是腦子瞬間一片空白，身體像被冰凍一樣無法動彈。這類思考並非僅僅支配情緒而已，一旦陷入這樣的思考，我們會全身僵直不動，無法逃跑也無力攻擊，完全處於被擊倒的狀態，行為與心情舒暢的時候截然不同。

連結對話練習

1 請分享最近發生的不愉快事件，說說看自己對此的情緒與行為。

範例 在小巷子裡以時速不到二十公里的速度行駛時，一輛車突然從左邊朝我疾駛而來。因為無路閃躲，我只能讓車子減速，但對方速度完全沒變，直到幾乎要撞到我才猛然踩剎車。

情緒的強度：憤怒（四〇％）、不安（九〇％）、抑鬱（〇％）

●事件：

情緒的強度：憤怒（　％）、不安（　％）、抑鬱（　％）

2 請把當時腦中浮現的自動化思考全部寫下來，並分享給旁邊的人。

範例 「怎麼會有這種人？那傢伙差點就害我沒命了。**這種人應該要遇到同樣的情形，真是個混蛋。**我還以為這輩子今天就結束了。」

3 整體提問：請寫下其他腦中還可能浮現的各種自動化思考，確認情緒會如何變化。

範例 ●如果心想：「幸好今天只是這樣。沒有發生事故，我也沒有受傷。」——轉為安心。

●那名駕駛是不是突然心臟病發，所以這樣開車？——轉為擔心。

↓即便如此，我還是認為「那種人應該要遇到同樣的情形」嗎？

我的憤怒情緒依然是四〇％嗎？

認知扭曲

即使情況相同解讀也不同的判斷框架

現在你已經清楚了解什麼是「自動化思考」了吧？堅信這類自動化思考為「事實、真相」而進行的對話可想而知會變得多悲慘。然而，在相同情況下對話，為什麼每個人的自動化思考卻有所不同。

好心買冰淇淋請客，對方卻認為「我在攏絡他」……

遇到類似這種情況時，確實會讓人心裡又煩又悶。明明完全不是這個意思，但對方卻一逕地依自己的方式詮釋與判斷，甚至可能理解成截然不同的意思，反過來攻擊。有時，我也著實感到費解。

這時候，真的不知道究竟是「說話的技術」比較重要，還是「聆聽的技術」比較重要？從聽話者的角度看，聆聽的人感到不快，從說話者的角度看，說話的人內心煩悶。學習對話時，這種狀況確實令人相當遺憾。雖然彼此都很珍惜對方，卻因為一句話的緣故，好幾天冷戰不講話，白白浪費寶貴的時間。我也曾有過這樣的經驗，說話時明明是好意，但對方卻誤會了，用完全不同的角度來詮釋，讓我慌張不已。

就像我們受到自動化思考的束縛一樣，與我們對話的對方也會產生自己的自動化思考，而這自動化思考會隨著每個人的經驗，以及從經驗中學習的程度而有所不同。

看到冬天的溜冰場，腦中會浮現什麼樣的自動化思考呢？

一個人說腦中首先浮現的想法是：「如果在那裡摔倒，說不定手指會被冰塊割傷吧！」另一個人則說自己腦中首先浮現的想法是：「那樣輕輕地『咻～』溜出去該有多好玩？在那裡吃熱狗也會很美味吧？」

兩人看到的都是冬天的溜冰場，——刺激

但面對相同的刺激，為何腦中那一瞬間浮現的自動化思考如此不同？

這只是因為各自的經驗不同、從經驗衍生的想法不同所致。

總之，這沒有對錯。每個人的想法可能不同，這些想法也可能在對話時扭曲地表達出來，心理學稱之為「認知扭曲」。使人曲解情況的認知扭曲是影響我們建立關係，與建立溝通對話方式的因素，要學習「對話」，就必須認識這樣的概念。在運用自動化思考概念的認知行為治療中，認知扭曲是重要的關鍵字，精神醫學家亞倫・貝克（Aron T. Beck）❷定義了十種以上人們經常陷入的認知扭曲。

我們一起來看看以下兩個案例：

我是國中二年級的班導師，曾經在與班上的孩子面談時給予回饋。當時我說：「志誠啊，你會主動幫忙同學，也會先來問老師是否需要幫忙，非常謝謝你。關懷同學真的是很棒的行為。老師希望你也能好好照顧自己。照顧好自己，同時關懷同學，這樣的行為更棒。」但志誠聽完我的話，卻說：「我很沒有自信，對吧？」我說的完全不是那個意思，但志誠好像只記得我話中不好的、負面的含義。——選擇性摘要、心理濾鏡

經理把我們籌備許久的計畫向處長報告完畢回來時，當著所有組員的面前說道：「大家真是

辛苦了。處長也說這次辛苦本組了，要我代他向各位致謝。還有，金課長在報告最後面補充的兩頁資料，對於理解整體脈絡很有幫助。幸虧有這兩頁，我在簡報時輕鬆很多，謝謝您。」然而，聽到經理對金課長說的話，不知道為什麼，心裡強烈產生「那意思是我沒做好嗎？」的想法。仔細想想，經理好像完全沒說我做不好，話裡也沒有這樣的意思，但是聽到他對金課長的稱讚，就彷彿聽見他在說我能力差，心情實在不怎麼好。——自我關連、二分法思考

除此之外，從認知治療中使用的**認知扭曲概念來看，我們很容易就能知道自己做了多少扭曲的判斷。這一類的認知扭曲滲入我們生活中各個面向，透過對話表達出來，對於人際關係有決定性的影響。**因此，若能仔細檢視認知扭曲，正確認識且超越其框架，對於了解自己、了解對方都助益良多。

❷亞倫．貝克（Aron T. Beck，一九二一～二〇二一），美國精神病醫生，同時也是賓夕法尼亞大學精神病學的名譽教授。被認為是認知療法和認知行為療法之父。他開創性的方法被廣泛應用於臨床治療抑鬱症和各種焦慮症。

十一種認知扭曲對於對話的影響

引導思考朝往扭曲方向的認知扭曲有很多種，下面介紹其中最具代表性的十一種，請仔細審視各種方式有何含義。

1 二分法思考（All-or-Nothing thinking）

意指從兩個極端面向來判斷情況，不承認中間地帶，以黑白邏輯為主的思考方式。二分法思考是目前相當氾濫的對話模式。

在團體中，一人對於他人的意見表示：「嗯，關於您剛才的提議，我還沒有想好。」我們會立刻犯下思考扭曲：「只要說喜歡還是討厭就好！」或許此人確實討厭他人的意見，也可能是想要多加考慮，或者部分同意但部分反對，甚至有更好的意見只是還沒說出來而已，若用二分法思考，就不會想到其他的可能性。這種二分法思考只會跑往兩個相反的面向，缺乏彈性，對對話毫無助益。

「如果不是一百分，就沒有任何意義。」

「如果不是喜歡，就是討厭囉。」

↓請寫下二分法思考的個人經驗分享給大家。

2 以偏概全（Overgeneralization）

以偏概全是根據一、兩次的經驗就得出自己的結論，即使在不相干的情況下也採用該結論的認知扭曲。

人們並不想知道如何讓生活安全舒適，只想快速做出判斷，然後知道結果，不願意苦思太久。難道只有這樣做，才能知道自己是安全或危險嗎？憑著一、兩次的經驗就斷定一切，用這種扭曲的認知來看人，有時會帶來無法預料的結果。由於某人做錯一件事（說謊），乾脆就把他標記上那類人（絕對無法信任的人），也是以偏概全的結果。

「旅行的時候，大家都排隊等計程車，中國人卻跑來插隊。中國人真的都很無禮。」

↓請寫下以偏概全的個人經驗分享給大家。

3 心理過濾（Mental filter）

心理過濾又稱為選擇性摘要（Selective abstraction），是從眾多資訊中擷取部分而非整

體，又據此判斷整體的謬誤，認知扭曲大多涵括心理過濾在內。向來，我們都對於負面資訊比對正面資訊敏感。所以，即使整體上給予感謝與正面的回饋，仍對其中部分表達的負面資訊、缺點、弱點等更為敏感。問題在於，這部分被視同整體評價看待時，將會扭曲判斷。就算稱讚了一百樣，但指出的一點不足更令人痛之入骨。進行回饋對話時，這類認知扭曲很容易讓說話者的意圖遭到誤會，導致說話者抱屈、聽話者不悅。

「金課長的簡報條理清晰，問題點也掌握得很好，只要再補足執行建議就更完善了。」

↓「結論是我的簡報不怎麼樣，對吧？」

↓請寫下心理過濾的個人經驗分享給大家。

4 妄下結論（Jumping to conclusion）

這是沒有確認就急著下結論的方式。我們習慣了「凡事求快」。例如，傳送訊息之後，知道對方已讀卻未立即回覆，往往就逕下結論：「他對我的話視若無睹。」像這樣未經直接詢問或確認就自行匆匆論斷，即為妄下結論的認知扭曲。

妄下結論用於對話時，最大的問題就是不曾問過對方。因為自己已先推出結論，所以不覺得有詢問對方的必要。但是，自己的推測多半與事實不符，個人誤會（妄下結論）可能導致對方與自己之間的衝突加深。

「吵架之後，先生這個星期總是超過九點才回家。顯然他已經不愛我了。」

→請寫下妄下結論的個人經驗分享給大家。

5 誇大或貶低（Magnification/Minimization）

意指相較於實際情況，將事件的意義或重要性過度放大或縮小。或許是因為我們內心深處彷彿總隱藏著不安，因此為了壓制不安情緒，看待事件或對方的言行時，會把含義貶低得像是微不足道一般，以求安心，或者過度誇大解讀，藉此控制不安的情緒。

舉例來說，某一天學校老師考慮把自己操心的學生叫來面談。有的學生會貶低面談的含義，認為這沒什麼，裝作無所謂而沒有反應；有的學生則誇大含義，認為自己有很多不足之處。有的人誇大自己的弱點，貶低長處；反之，有的人會特別誇大自己的長處，貶低弱點。這兩種情形都與說話者的意圖無關，而是聽話者處理自己內在不安的方式。尤其在對話中面對誇大或貶低時，透過相互提問來確認是非常有必要的。

「學校老師說孩子的領導力佳，未來肯定是個成功的大人物。」——誇大
「雖然主管說我的報告寫得很好，其實只是運氣好而已。」——貶低
↓請寫下誇大或貶低含義的個人經驗分享給大家。

6 情緒性偏見（Emotional reasoning）

在某種情況下，沒有現實根據而感到莫名情緒時，卻依照莫名情緒做出偏見的結論。

大部分的情況下，人們會傾向於按照感受隨興生活，並不會一邊認識自己的情緒一邊生活。因此人們往往會根據情緒來行事、說話、建立關係，多於正確地理解情緒。不知怎麼地，我對自己感到滿意的時候，就會認為自己很了不起；或者不知為何，那個人一彆扭，就會得出他不是好人的結論。當被問及該判斷的根據時，很多人會說：「我也不知道，不知為何就這樣。」、「就感覺是那樣。」這類情形便是陷入此種扭曲。像這樣根據感受與情緒就下偏見結論，對話時會讓人感到模糊含混。

「我對孩子很內疚，我不是個好媽媽。」
↓請寫下情緒性偏見的個人經驗分享給大家。

7 應該化（'Should' and 'Must' Statements）

「應該要做」和「必須得做」是缺乏彈性與開放性的想法。這種以「非做不可」壓迫支配的想法全由個人制定，其他人不一定都認同，因此常造成與他人關係破裂。這種死板的認知扭曲會導致思考被限制，無法讓想法自由開放。「為什麼」的提問是能與創意連結，得出合理結論的好詞彙。

然而，若是困在「沒有理由」、「理所當然」的思考方式，就會喪失好奇心，過著如同機器一般只會動作而無法思考的生活。帶著這樣的想法，對話也會變得枯燥乏味，無法愉快地進行。

「做爸爸的，絕對不可以在別人面前掉眼淚，也不能表現出軟弱的模樣。」

「是朋友的話，當然要站在我這邊。」

「為人父母只能堅強！」

→請寫下應該化的個人經驗分享給大家。

8 貼標籤（Labeling and Mislabeling）

貼標籤是給自己貼上一個極端且不當的名字。我們喜歡給自己與別人貼上某個名字，天才、傻瓜、利己主義者、天使、垃圾、聖人等。這種貼標籤的過程，讓我們無法將他人視為擁有多種能力的「完整存在」，陷入僅憑特定部分或一部分就論斷整體的以偏概全。被判斷為自私的人，對他的家人或心愛的人來說，可能是天使般的人。通常我們會想盡快幫人貼上象徵性的標籤，對他做出預測，但要認知到這種觀點在對話中反而會成為彼此理解的巨大障礙。

「我像個傻瓜一樣。」

「我是人生落伍的失敗者。」

→請寫下貼標籤的個人經驗分享給大家。

9 自我關連（Personalization）

分明是與自己無關的事，卻誤解為與自己相關。愈是相信別人一直在關注自己、評斷自己，這種自我關連的情形愈是緊隨著我們。可惜的是，愈陷入自我關連的扭曲，就愈難自主生活。我們的人生方向總是配合他人，行為配合他人，對話也會朝往該方向發展。對話中最重要的不是為他人而行動，而是認識自身需求與情緒的能力，自我關連會導致這個能力遠離，因此必須好好認識這項認知扭曲。

「孩子對他人指指點點的行為都是因為我沒教好。」

「金課長在會議上咧嘴笑，他根本沒把我看在眼裡吧！」

→請寫下自我關連的個人經驗分享給大家。

10 災難化（Catastrophizing）

這種扭曲完全沒有考慮到解決的可能性，只會預料最壞的負面結果，也被稱為預言者扭曲（Fortune telling）。

一名孩子說，自己只要考試就一定會考砸。理由是，他一緊張就會肚子痛，在最重要的大學考試當天，肯定會很緊張而肚子痛，雖然知道自己的問題，卻也解決不了，所以大學考試一定會考砸，錄取不了好的學校。事實上，肚子痛是可以提前吃藥的，也可以穿內衣保暖腹部，或者服用有助緩解緊張的鎮靜劑。像這樣不思考各種可能的解決方法，直接做出悲劇性的解讀，即為災難化扭曲。離婚會悲慘生活，失業就人生完蛋，諸如此類的想法阻絕了思考對策與其他可能性，即使進行對話，也會讓彼此精疲力盡，充滿無力感。

「如果像現在這樣下去，孩子一輩子都擺脫不了貧困，人生不會順遂。」

「搭的飛機如果墜落，恐怕連屍體都找不到。」

↓請寫下災難化的個人經驗分享給大家。

11 讀心術（Mind Reading）

這是不詢問別人想法，就任意推測與斷定別人心思的方式。這種隨意推論會使對方感到憤怒。因為不管再怎麼否認，他仍硬說是那樣沒錯。「對話」是各自放下自己想法才「對」的心態，進而順利達成的互動過程。然而，抱著自己的推測是「對」的心態，與對方的對話當然相當有限，流於自以為是。「你討厭我吧？」「你現在心裡不是這樣想，只是在勉強對我好吧？」用這些話不斷折磨對方，誰能持續忍受？這類讀心術是認為彼此熟識已久，就愈容易掉入的扭曲。因此，家人、朋友、老同事之間的發生頻率很高。

「只要看孩子的表情，他在想什麼，我全都一清二楚。」

「他現在肯定陷入悲傷之中，即使沒聽他說，憑感覺就知道。」

↓請寫下讀心術的個人經驗分享給大家。

連結對話練習

1 請如實寫下這一週在腦海中浮現的自動化思考與事件。

2 想想看該「思考」是源於何種認知扭曲，然後寫下來。

3 請寫下該思考屬實的證據並分享。

4 請寫下該思考非屬實的所有證據並分享。

形塑性格的固有思維

核心信念

這是很重要的焦點話題，對某些人而言，可能是會感到彆扭又難受的。即使是身為本書作者的我，此刻也需要勇氣去面對自我。重要的真相或事情似乎往往都令人極不舒服，然而面對真相本身，就必須克服這種不舒服的感覺。

用頭腦理解自動化思考（突然浮現的想法）和認知扭曲的概念，與在生活中意識到自己已經陷入這兩種情境中，完全是兩碼子事。也就是說，有的人明明理解自動化思考和認知扭曲的概念，但在自己的生活與人際關係中，依然相信腦中浮現的想法和判斷是「真相」或「事實」，一如既往得繼續對話與生活。不管別人怎麼解釋，他還是聽不進去，逕自做出判斷。即使對方拿出證據，他還是懷疑：「這才不是事實，裡面絕對有什麼。」根本不會放棄或改變自己的想法。這是因為我們心中已經有了某種信念且信以為真。換句話說，如果自動化思考為有意識的，信念則屬於無意識的。

每個人活著，都擁有各自不同的核心信念，但這真的是個悲劇。原因在於，有的信念會使關係僵化。這類信念導致思考缺乏彈性，內心沒有餘裕空間可以接納他人的想法與心意。如此一來，一點小事情也會不自覺地畏怯或發怒，誤會別人的良善意圖而起爭執，有時甚至出現連自己都無法理解的行動，讓周圍的人覺得難受。特別是幼年時期長時間反覆形成的傷口，承受愈多痛楚，從父母身上得到的情感需求愈是過度或匱乏，核心信念會根據成長經驗支配我們的內心與靈魂。**操縱情緒、對話和行動的核心信念（Core-Belief），亦稱為基模（Schema）。**

孤立的內心循環結構會使關係決裂

個人擁有的核心信念，對於對話與人際關係會產生巨大影響。十幾年來，我一直從事著對話訓練、衝突調解、創傷諮商的工作，經歷的困難幾乎全都是因為觸及到核心信念。同樣的，我也在進行對話與建立關係的重大關頭，每一回都得面對自己的核心信念。

我有幾個核心信念，其中之一是關於被拋棄的信念「將被孤伶伶遺棄」。因此，我會過度展現笑容，拼命討人歡心，如果感覺到對方即將要離開我，我就會更善待對方，或者在被拋棄之前，先冷靜地斷絕關係，盡量避免陷入被拋棄的情緒。而我曾經有很長的日子被束縛在這個核心信念之下，無法健康地與其他人進行對話。

為這樣的我打開新世界的人是心理學家傑弗瑞・楊（Jeffrey E. Young）[3]。傑弗瑞・楊認為，對個人生活沒有助益的那些負面核心信念，係幼年時期的情緒核心需要未能得到滿足所致，我確實就是如此。例如，與重要的人之間的依附需求（愛、照顧、關懷、包容等）、表達想要什麼與表露情緒的自我表達需求、趣味的需求、選擇及參與的主動性和認同需求、節制自己與自我控制的需求等大多遭遇挫折。

如果你們曾在小時候遭遇身體、性、情緒、言語虐待的經驗，虐待的程度愈嚴重，心裡愈可能像我一樣盤踞著這樣的核心信念。

儘管程度不一，每個人活著都帶有各自的核心信念。諷刺的是，此一尷尬又難堪的事實，卻是讓我們的對話得以有所改變的開端。**「我也有某種核心信念啊！這個信念可能會斷絕我的人際關係、孤立我的生活。」**有這個想法，正是改變的起步。唯有當我們察覺到自己是戴著這種信念的有色眼鏡看世界、看自己、看對方、看我們的未來時，方能摘下有色眼鏡，用自然之眼觀察原本的面貌。也就是說，我們曾經擁有的核心信念猶如巨大冰塊，只要我們察覺到該信念，冰塊就能慢慢融化。傑弗瑞・楊表示，雖然我們有核心信念，但內心也同時存在著能夠健康處理這些信念的「健康大人」。

再者，不是所有的核心信念都必然會阻礙對話、斷絕關係。正面看待世界的核心信念（世界是美麗的）或正面待人的核心信念（人性本善）等，在一般關係秩序裡助益良多。不過，本書講述的概念與此不同，指的是無益於健康關係、最讓自己無法幸福活在世上、負面又逆向作用的信念體系。

講述這些負面核心信念的理由，不是為了相互批判，而是為了理解彼此的不同。因為每個人都過著不一樣的生活，擁有不一樣的經驗與學習歷程，遂形成不同的信念。也就是說，要學習的不是用對錯的道德判斷來看待對方，而是從生活故事來理解。倘若無法理解自己，又要如何消解湧上心頭的鬱悶呢？**認識自己與理解對方，才是本書講述核心信念的目的。**

如果你們過著健康的生活，能夠輕鬆略過這篇核心信念的章節，真心恭喜你們。但，即使你們過著值得感恩的生活，世界上卻有更多的人像我一樣，是被負面的核心信念擺布著。如果你是公司主管、照顧學生的教師、養育孩子的監護人，想要培養理解對方的心理能力，請仔細閱讀這

❸傑弗瑞．楊（Jeffrey E. Young，一九五〇～），美國心理學家，以開發了心理學基模療法而聞名，撰寫了許多有關認知行為療法和心理學基模療法的書籍，也是Schema治療研究所的創始人。

些核心信念的章節，對溝通對話將有莫大助益。

重新健康地審視各種核心信念

傑弗瑞．楊將核心信念分成十八類，這裡透過簡單的例子，介紹其中的十四種基模（有意細探核心信念者，推薦同時參見傑弗瑞．楊的著作《schema therapy》❹）。

建議你與練習對話的人一起研讀本章節，並用自己或周遭朋友的例子彼此分享經驗。

1 被拋棄的信念：最終將被孤伶伶遺棄

這是非常令人心痛的核心信念，一直認為心愛的人最終會離開，自己變成孤家寡人。將被拋棄的想法成為信念，形成最終自己會孤伶伶的巨大不安。這個核心信念愈強，對話愈可能走向兩極化。例如，只是遇到有人稍微拒絕，可能會脫口說出：「那就算了！」即使想要一段深入的親密關係，卻因有著反正都會變成獨自一人的信念，有時乾脆選擇單身，有時會過度執著，有時則在關係加深之前，就先冷靜切斷。此一信念很強烈的話，內心容易受傷，難以保持平常心。

不知為何，我好像只能與珍愛的人離別或被拋棄。因此，即使建立新關係，也會莫名不安，經常擔心分離的時刻。稍微遭到拒絕，對話時就會變得更敏感。小時候父母離異，當時我哭鬧纏著媽媽，但媽媽還是離開了家。現在回想起來，那時父母只是吵架，我卻認為媽媽的離開是拋棄我。從此，我似乎認為自己是會被拋棄的人，認為自己要做得更好，才不會被拋棄。

↓請寫下符合自身情況的經驗並分享出來。

↓請寫下符合周遭朋友情況的經驗並分享出來。

■以健康大人的眼光重新審視

事實上，我們周圍有很多人通常都保持著平靜的內心。如果接受被拋棄之類的信念不是真實，只是強烈的想法，我們就能逐漸理解與察覺此一信念，練習與人進行真實的對話，不要立刻說：「那就算了。」而能夠說出：「我有點不安。我們可以討論一下解決辦法嗎？」

無論是誰，不管再怎樣努力，都有可能收到對方的分手通知，或自己的提案被拒絕。這拒絕

❹《schema therapy》（基模療法）沒有繁體中文版，有興趣深入研究者可以參考傑弗瑞．楊的另一本著作《重建生命的內在模式：看明白過去的傷，生命就有新的出路》（Reinventing Your Life: The Breakthrough Program to End Negative Behavior and Feel Great Again），天下雜誌出版，二〇一八年。

不是我們被否決，而是任何人都可能會經歷到的。因此，請記住我們被接納的時候，以及我們有能力完全接納自己。我們也有守護自己、陪伴自己的力量。

被對方拒絕，當然不是一件愉快的事，但可以練習獨自承受，練習認識與正視獨自一人的孤單與不安，最終目的是要練習健全的自我與健康的關係。也就是說，要了解到童年被拋棄的記憶，只是當時的記憶而已。我們的內在裡有小孩，但同時也有守護自己的健康大人。

2不信任的信念：我無法相信任何人

不信任，顧名思義，就是無法相信。無法相信世界，無法相信他人。沒有足以信賴之處，所以我必須守護自己。周圍是敵人世界，所以要時時保持緊張。為了保護自己，必須帶著懷疑的眼光看別人，必須識破他人的意圖，別人可能會利用我。這就是不信任核心信念的特徵。

從小遭父母虐待，自然會感到害怕不安，無法信任父母。連生養自己的父母都無法信任，又如何能夠相信這個世界與他人呢？過去，我的這個核心信念很強烈，所以我將它視為最悲傷的信念。這個信念總是讓我的情緒很混亂，在必須判斷真假時陷入茫然不知。因為無法相信任何人，人際關係僅流於虛表。認為自己不能再被欺負，所以疑心愈來愈重。這時候對話可能說出的是：

「我不相信任何人，我只相信自己。」

我無法相信這個世界。我認為不能相信別人。因為，我在職場上曾經賭上自己的人生，勤奮卯足全力，獲得的回報卻是背叛。從小爺爺就告訴我不要相信任何人。他總是說，世界上唯一可信的人只有自己，我相信這句話是真理。不管對我多好，我認為那都是另有所圖。

↓請寫下符合自身情況的經驗並分享出來。

↓請寫下符合周遭朋友情況的經驗並分享出來。

■以健康大人的眼光重新審視

我曾經因為這個信念太強烈而接受諮商。（像我一樣）這個信念強烈的人，只要歷經一次受害，就很難從被害意識裡復原。如果從小有受虐經驗，更是如此。我想到這個信念時，往往就變得軟弱無力。而且，我的內心對話都充斥著：「那個人的意圖是什麼？我是不是被騙？不可以再被人騙了。」諸如此類的。

核心信念會立刻反映在對話上，而且，對話最終會決定彼此關係的品質。我們必須認知到，曾經遭遇的虐待、不信任經驗，只是與「當時那個人」的關係。過去的虐待與不信任相關經驗，絕不能拉到現在。如果因為害怕受騙而感到焦躁不安，看到自己充滿攻擊性的樣貌時，請一定要再度溫和學習。世界上有黑暗，也有光明，有不信任，同時也存在著信任。請試著相信微小的善意；請試著用感謝的心接受小小的微笑；請告訴你所珍視的人你「相信」他們。並且，請對他們說：「謝謝你相信我。」在生活中一點一滴累積信任，試著建立信賴關係。也就是說，藉由在生活中練習與培養出分辨不信任與信賴的能力。

3 情緒剝奪感的信念：我的需求無法得到滿足

情緒剝奪感的信念是「絕對沒有事情是我滿意的。」這個信念強烈的話，會認為任何人都無法滿足自己的需求，因此，對話時不會使用精確的話語，一面想著：「我就看你要怎麼讓我滿意。」一面說話拐彎抹角，旁敲側擊試探對方，始終無法具體對話。想要被愛、想要被理解，卻無法用言語或行動來表達，最後，想要被愛、被理解的需求以受挫告終。如此一來，信念可能更趨堅定。

信念這東西，真是非常諷刺。這麼想要被愛，卻時常受不愛自己的冷漠者所吸引。為了不再受傷，遂用更加冰冷的方式對待他人，不讓任何人來到自己身旁。不說「我想和你溝通」，而是說「我沒關係！別在意。」其實只要好好觀察對話，就能推測出自己或對方的信念。

反正我想要的都不會實現。人生，本來就不是自己想要就會實現。看到那些表明自己需求、企圖滿足自己需求的人，真的很討厭。他們表現得很自私，而且不切實際。人生，就是那樣生活，沒辦法達成想要的一切。曾有心愛的人允諾會為我做到我想要的一切，我嚴苛測試他是否真的能夠那樣做。而他似乎真的盡了全力，我就更加苛求，最後，他離開了我。當時，我就認清了一件事實，我想要的終究不會實現。

→請寫下符合自身情況的經驗並分享出來。

→請寫下符合周遭朋友情況的經驗並分享出來。

■以健康大人的眼光重新審視

情緒剝奪感使我們無法體驗親密感。短暫的、流於表面的相處，導致陷入對人際關係的反覆質疑。在這個信念下，一方面認為反正人們無法滿足我們所想要的，同時又讓我們經常感到不滿。對於對方的努力不表感謝，反而說的是：「只能做到這種程度嗎？」一再又一再地要求他人，無止境陷入自己所想要的總是會落空的想法，實在令人受不了。因此，我們必須學習對小事情也要表達「感謝」的方法，還有，說「沒關係」的時候，內心不是在等待他人滿足我的需求，而是必須自己努力滿足自我的需求。回想我們享有的日常瑣事時，意識到那些瑣事本身就多麼值得感謝，努力不斷地這麼思考也是有所幫助的。沒有人能夠在生活中滿足所有需求，最重要的是，請記住我們自己擁有滿足自身需求的力量。

4 缺陷的信念：知道我的真面目，人們會感到失望

如果你的內心某處認為自己「似乎一無是處」或「毫無價值」，就是這個信念深植於心。一名這個信念強烈的學員曾表示，聽到別人對他說：「你這人真不錯。」心裡就覺得很不自在。為什麼會那樣呢？那是內心的自信與對方的回饋反差太大，心裡感到混亂所致。如果這種缺陷的信念很強烈，反而更執著於對外展現成功與權力，可能會努力成為看起來更強大的人。此外，缺陷的信念愈強，自卑心愈重，比較意識俱增。因此常常會在對話中使用「比誰都……」的話語。評論自己時，總是與他人做比較，一般會找看起來比自己優秀的人來確認自己的無能。這是令人遺憾的信念，也是使人無法接受真實自我的可怕信念。

我總是自覺不足，感到自卑。即使有人稱讚我，也只會覺得渾身不自在。隨時都擔心自己會

獻醜，想到人們看見我的真面目，似乎就不會愛我，內心始終忐忑不安。因為這樣，我無法忍受丟人現眼，老是拿他人的長處與自己的短處相比，尋找自慚形穢的證據。雖然想要改變自己這副模樣，但還是無法擺脫自卑感。

↓請寫下符合自身情況的經驗並分享出來。

↓請寫下符合周遭朋友情況的經驗並分享出來。

■以健康大人的眼光重新審視

就算是小事情，也請每天稱讚自己。此時，心裡可能會傳來「這種程度幹嘛稱讚、任何人都可以做得到」等自我貶低的聲音。即便如此，仍然要堅定地對自己說：「不！小事情也有獲得肯定的價值。」

信念不是透過與他人的對話，而是透過與自己的對話方能有所改變。此外，面對任何事情，不要過度責怪自己感到羞慚的部分，寬恕與接納的練習也很重要。要想：「我做錯了，下次一定不再犯。」必須努力不讓自己陷入「我就知道會這樣」之類自認不足的想法裡。因為比起努力成為完美的人，更重要的是告訴自己無論什麼模樣都充分值得被愛。

5 社會性孤立的信念：我與這裡格格不入

社會性的孤立感與尷尬是不一樣的概念。不管是誰，初次進入陌生團體時都會感到尷尬不自在。這裡所謂的社會性孤立的信念，會讓人處在群體之中，依然覺得：「我好像不適合這聚會。」就像感覺穿著不合腳的鞋子走路一樣，這是面對自己與周圍群體之間關係的心情。社會性孤立包括被隔絕的心情、像在孤島一樣，使人在團體中畏怯不前，迴避行事。當然，即使有這種信念，表面上可能看起來是在健康地建立著人際關係，但在群體、組織或團體活動中，時常不由得感到孤立，內心想要有所歸屬而四處漂泊。

即使我和人們在一起，心裡也無法感受到歸屬感。小小的疏離感也感受強烈，因為心裡覺得被孤立，工作也做不好。不知為何，我覺得自己與他們不一樣，覺得自己格格不入。一對一建立關係不會特別難，但在團體或群體中時，卻無法擺脫不自在的游離感。特別是我完全沒有自己身為團體一員的念頭，每當有此想法時，就會感到無比疏離與鬱悶。

↓請寫下符合自身情況的經驗並分享出來。

↓請寫下符合周遭朋友情況的經驗並分享出來。

■以健康大人的眼光重新審視

有的人會強烈感受到孤立感。我們曾經做過的行動練習是，樂於嘗試在社交集會擔任小角色。例如有人在只有八個人的社交團體中擔任總務，扮演管理八十萬韓元❺資金、透過群組簡訊來統籌聚會的角色。理由是他總覺得與周圍的人格格不入，認為自己缺乏魅力，比起積極表現自我，他更情願迴避、沉默，維持若有似無的關係。

與其強迫自己改變信念，不如深刻認識自己想要什麼，為那樣的生活做小小的努力。如果心裡總是覺得與社會隔絕，即使負責很小的工作，也需要努力和練習漸進融入其中。

6依存的信念：我沒辦法一個人做

「幫幫我，我一個人做不到。」有這個信念的人經常會說這樣的話或有這種想法。每當接到新的工作指示或挑戰時，總覺得自己一個人做不到，如果沒有人幫忙判斷，似乎什麼決定也做不了。感覺就像在手無寸鐵的情況下，獨自被扔到艱險的戰場上。所以在必須獨自做某件事的時候，深深感到負擔且不安。通常經歷過度保護，自己不曾做過任何嘗試的人，或者相反，在完全

❺約台幣二萬元。

放任的狀態下成長，一切事情都得獨自處理的人，都很可能持有這個信念。冒險或挑戰反而成為生活的障礙。這個令人煩悶的信念，常常阻擋我們走向更廣闊的世界。

我覺得沒有別人的幫助，好像什麼也做不了。主管交代做什麼事都沒問題，最重要的是有人和我一起做，萬一要我自己一個人處理，就會不知所措。父母硬要我去歐洲背包旅行的那天，我甚至一路哭到機場。那還是團體旅行，不是獨自一人。回想起來，我幾乎沒有單獨做過什麼事的記憶。朋友們經常嘲笑我是膽小鬼，但總是很照顧我，我也好像只和這類朋友交往。

↓請寫下符合自身情況的經驗並分享出來。

↓請寫下符合周遭朋友情況的經驗並分享出來。

■以健康大人的眼光重新審視

必須透過練習自己一個人吃飯、一個人看電影、一個人散步、一個人決定要不要買小東西嘗試化解這個信念。

請放個地球儀轉一轉，然後找到我們的國家。看看剩下的陸地與海洋，看看我們國家的面積，再想一想，如果無法體驗地球上這麼多地方，原因之一是害怕「我一個人做不到」的關係，那有多可惜。請從最日常、最簡單的事情開始獨自一人做做看。還有，每次做完就大聲說：「宰蓮啊~做得真好。辛苦了，妳好棒。」對話的力量，在看著眼睛說出聲時會更放大。請看著鏡子，每回自己做一件事情，就告訴自己做得很好、辛苦了。請務必謹記，自信是透過日常生活中做到的瑣事累積而成。加油！

7 脆弱性的信念：覺得只會發生不好的事

這是會讓我們停止不動的信念。日常生活中的一切都不安全，「不知道何時會發生危險，隨時都要做好準備。」這類說話模式即是從這個信念出發。

這個信念強烈的父母經常會對子女說什麼話？應該是「不行、不可以這樣、不要動、危險、小心」之類的話。其實，這些話有其必要，因為缺乏對於危險的憂患意識，就無法健康生活。但是如果在擁有過度信念的父母呵護下成長，反而將全部精力消耗在守護自身安全，而非培養在日常中生活的力量。試想：如果感覺會有壞事發生，然後滿腦子想著隨時都可能受傷、可能處於危險，要如何在日常中生活下去呢？

不管做什麼事，我都覺得會有不好的事情發生。搭飛機感覺會墜機；心臟怦怦跳就怕快要心臟麻痺；焦躁不安時，就覺得會瘋掉一樣。甚至昨天乘坐電梯時，害怕墜落而緊抓旁邊的扶手，想像著自己吊掛在半空的情景。在大家不以為意中，我總是想像著災難，想到最壞的情況，內心非常疲憊。但沒辦法，我就是那樣的人。

↓請寫下符合自身情況的經驗並分享出來。

↓請寫下符合周遭朋友情況的經驗並分享出來。

■以健康大人的眼光重新審視

脆弱性並非全以恐慌症狀表現出來，但恐慌症狀主要是從這種脆弱性產生的身體現象。感覺像要瘋了一樣，再這樣下去會死掉一樣。因此，與有恐慌經驗的人對話時，會發現許多情況都帶有這種脆弱性。若有此類經驗，人際關係會變得非常侷限。由於也要顧及周圍人們的安全，所以會對他人加以限制，不知不覺就經常說出：「不行、小心」。若有這種信念，必須持續「意識到此時此刻自己是安全的，在日常生活中進行冥想練習」。現在就地靜靜閉上眼睛，緩緩地做六次左右的深呼吸也很有用。此外，如果周遭有帶著這種信念的朋友，請務必加以理解與協助。因為知道他們會把日常瑣事視為多麼嚴重的危險要素，建議握住他們的手，對他們微笑，向今天順利度過一天的他們說：「明天也會好好的。」

8失敗的信念：終究會失敗

「終究不會成功」的信念，讓我們把小小的失誤也視為巨大的失敗，乾脆不做任何挑戰，有時候還會無意識地未盡全力，故意做出招致失敗的行為。如果從小經常聽到「你做事情老是那樣！」「你到底會做什麼？」之類的話語，對自身失誤的行為評價就會延伸成為自己的存在（傻瓜般的存在）。若有這個信念，就會想透過其他行為來補償自身不足的部分。或者，即使自己的能力得到許多人肯定，卻從事較低水準或截然不同的工作。例如，雖然想要功課變好，但相信終究會失敗反而更加專注於遊戲，或者即使學習成績好到足以通過教師資格考試，卻只去當小學低年級的數學家教。玩遊戲和當數學家教絕非壞事，但問題在於選擇該行為的心理底層蘊含著預測失敗的想法。

我總是覺得自己會失敗，所以無法開始。如果做得不完美，就一定會失敗，所以我一直在準備，即使已經開始行動也常常對別人保密。比起失敗被取笑，我寧願一個人安安靜靜地進行。運動也好，興趣活動也好，我經常是在別人不知情的情況下學習。但在公司工作時，真的很累。不久前，我還曾經為二十分鐘的報告準備了三個月的時間。我很想擺脫無論如何努力準備都似乎會莫名失敗的想法與焦慮，但一籌莫展。

↓請寫下符合自身情況的經驗並分享出來。

↓請寫下符合周遭朋友情況的經驗並分享出來。

■以健康大人的眼光重新審視

有人說成功的相反不是失敗，而是不挑戰。這種好像會失敗的信念，從明確知道該信念不是事實的那一刻，就開始有了轉機。即使是芝麻小事，成功或順利完成都是嘗試。

不是只有進入知名大學才是成功的人生，用功學習，順利考完大學考試也是一種成功。不是只有開車才是成功，走路或搭乘捷運去想去的地方，也是成功。不是只有第一名才是成功，從第三十名進步到第二十五名，也是成功。在成功與失敗的基準中，究竟我們做了多少扭曲的判斷，只要試著把這些寫下來，就能知道覺得會失敗的信念是多麼愚蠢。如果你在對話中說出：「我做不到，反正都會失敗，不如不要做。」的話語，請寫下是否真的如此、是否為事實。經過確認，會發現那些都不是真相。

那只是在挑戰面前逃跑的行為，那只是從過去類似經歷中學到的羞恥感。重新找回我們在他人評價之下錯失的尊嚴、自信、權利，正是努力的開始。

9 負面的信念：生活就是一連串的問題

「死不了才活著」、「人生全是問題」。

這個信念會出現的想法頗多。即使有好事發生，仍相信壞結果會隨之而來，還悲觀解釋道，好事是偶然，壞事是必然。在這種信念下的人生，悲觀負面勝於樂觀，開始做任何事之前，一定先預想最壞的情況，心裡才覺得舒坦些。在別人眼中，看起來總是忿忿不平、心存不滿又滿腹憂愁。通常擁有這種信念的人，從小是在負面性格很強的父母影響下長大，縱使解決問題的能力很強，內心深處卻對下決定感到恐懼，悲觀傾向極為強烈。

生活就是一連串的問題。做得再好，還是只能保本。就算認真工作，不被炒魷魚已是萬幸，就算努力儲蓄，仍然不知道自己是否買得起房子。奉獻自己卻遭到背叛的情形屢見不鮮，欺騙他人卻成功上位者占多數，這個世界就是這樣。沒有什麼事情可以樂觀思考、樂觀期待。剛開始，覺得一切都會變好，但經過社會生活的洗練，最後忍不住認為自己成了其他人的附屬零件。人們都說我悲觀，但人生那樣又能怎麼辦。

↓請寫下符合自身情況的經驗並分享出來。

↓請寫下符合周遭朋友情況的經驗並分享出來。

■以健康大人的眼光重新審視

人生不能只是活得有意義，還要活得有樂趣。如果在生活中忽視好事，只專注壞事，那樣的人生真的會有趣嗎？我們需要在人生中尋找快樂的部分，在關係中尋找感恩的事物，且與人們分享。縱使有什麼失誤，也要能夠自我省察，隨時糾正，做出抉擇。為了不讓身旁的人因為我們的負面心理而感到疲憊，為了讓我們自己也能變得幸福，請練習祝賀微小的成功，接受那不是偶然，而是努力的結果。請常常意識到這點，對小事也說：「真高興」、「好極了」、「會順利的」。此外，看到問題時，請試著發掘好的一面，找到平衡。

10特權意識的信念：我和別人不一樣

特權意識的信念是「我和別人不一樣」。如果有這種信念，就會產生「你竟敢？」的想法，甚至做出與之相符的行為，包括人們常說的專制，有時完全不會顧慮到別人的情感與立場，甚至無法認知到自己的自私言行會讓受影響的人感到傷害與痛苦。如果小時候受到父母百般寵溺，任何事情都有人代勞，把這一切視為理所當然，就有可能出現這種信念。反之，如果無法受到任何人的保護，否定的心理也可能會產生這種結果。如果有這種信念，說話時就會呈現出威勢，所以人們會不喜歡，只想遠離，不想與之對話。不經努力或正當過程，不顧手段方法，只想享受特權，無視他人，只想表現自己的優越，這個信念會導致生活孤立，走向孤單寂寞。

我認為重要的是「特殊待遇」，因為這能守護我。別人怎麼想我，對我來說不重要。我認為更重要的是，我比其他人更有一套，並且受到相對等的待遇。反正人們總是屈服於有力人士，既然如此，與其成為屈服的人，我寧願成為使人屈從的人。

→請寫下符合自身情況的經驗並分享出來。

→請寫下符合周遭朋友情況的經驗並分享出來。

■以健康大人的眼光重新審視

一位學員表示他最討厭聽到自己的部屬表達「不願意」。聽到此話時，腦中浮現的自動化思考是：「這人竟敢在我面前說不行？」他無意試圖理解那個人為何會拒絕。一般而言，部屬在主管面前表示不行，一定有真做不到的理由，即便如此，他不聽理由，反而破口指責。非這麼做不可的理由，在於他的信念。除非承認自己有這種信念，否則他的生活注定被孤立。尤其是當他的周遭諸多條件發生變化時，比如退休、離婚、年老、喪親、孩子獨立、與朋友疏遠等。有時直到他無法再指責他人時，才會看到自己的信念。

這種情況下，要試著寫下自己行為可能導致的最壞結果。即使不樂見的結果化為現實，也要仔細衡量究竟值不值得按照信念行動。此外，我們必須知道，所有人都一樣珍貴，所有人都有受到尊重的權利，每個人都很特別，都是世界上獨一無二的存在。

11屈服的信念：悉聽君便

如果生活中總是說：「隨便，我都沒關係。」如果說出自己想要的東西會感到十分彆扭，寧可吃虧心裡還比較舒坦的話，那就是有這個信念。萬一，特權意識信念強烈的職場主管與屈服信念強烈的部屬一起工作，該部屬會過著什麼樣的生活呢？看著善良的人被利用、暴力的人占上風，是很令人憤怒的一件事。如果預先意識到自己的需求時，心裡會感到歉疚，或者說出自己想要的東西時，害怕不被允許、怕被處罰，這可能是在小時候曾有被父母或照顧者強迫屈服的經驗。或者也可能是在每次讓步時，被「做得很好」、「真善良」等言語所操縱。

你善良嗎？若是這樣的生活有片刻不幸福，別再只為善良活著而屈服。因為善良的結果，不僅讓自己不幸，還助長了他人的暴力。

我不喜歡看到別人痛苦。因為每當這種時候，我就會感覺到莫大的罪惡感。在公司，比起自己的需求，我更在意主管或同事的需求，面對家人、面對朋友，同樣也是如此。從小就聽人說我善良，其實我這樣感覺更自在。當然，我的需求也很重要，但比起帶著罪惡感活著，避免他人痛苦更重要。我的確相信自己做好，對方也會了然於心，但有時並非如此，特別是在公司遇到這種情況的話，確實會感到委屈或挫折。

↓請寫下符合自身情況的經驗並分享出來。

↓請寫下符合周遭朋友情況的經驗並分享出來。

■以健康大人的眼光重新審視

練習向別人傳達「我不願意」的意見真的很重要。當然，比起說出「我不願意」，更要練習溫和地表達自己的需要（參考本書後面第五章〈處理拒絕〉的章節）。別再讓他人任意操縱自己，我們不應該害怕向對方表達自己的需求與感受，而這個練習是從認識自己的感受與需求開始。「啊，原來我現在很傷心，原來我想要得到肯定。」從這樣的認識展開訓練。首先必須卸下不說出自己內心所想，卻希望對方明白的心態，我們一起來逐一嘗試。已經夠善良的各位，現在再稍微鼓起勇氣，你們充分有此資格與權利。

12 抑制情緒的信念：流露情感是不對的

「流露情感很危險」、「我的感受不需要說出來」、「情緒化是不好的」，以上話語表現出這個信念，害怕無法調控好自己的行為而感到不安。認識情緒感受且表現出來，事情也不會改善，那為什麼要這樣做，我覺得很彆扭。此外，為了避免壞事發生，我認為必須壓抑自己的情感，不表現出來。如果從小在不允許自由表達的家庭中長大，說話時收到的不是鼓勵與支持，而是挨罵與指責，無法表達出來的情緒疙瘩很可能占據內心一大片。如果這個信念強烈，不僅表達自身情緒有困難，在認識與聆聽對方情緒上，也會遇困受窘。雖然可能看似冷靜理性，卻總是顯得死板枯燥。

我相信理性生活是正確的。我沒辦法表達自身情感，在他人面前哭泣或分享內心。光用想的就渾身雞皮疙瘩，彆扭得令人無法忍受。不僅如此，即使生氣，我也多會壓抑克制。我相信，自己的情緒終究要自己處理，向別人表達也沒有好處。情緒化不是衝動嗎？人類有理性，為何非得要表達出情感？比起感情用事的人，我更想做理性的人。

↓請寫下符合自身情況的經驗並分享出來。

↓請寫下符合周遭朋友情況的經驗並分享出來。

■以健康大人的眼光重新審視

化解這個信念的最好方法，就是每天逐一檢視、感受和開口說出自己的情緒。只要看著各式各樣的情緒詞彙，從認知面向來檢視目前感受到的情緒為何，並且嘗試說出來，便能認知到我們是在活著的時候才會有情緒感受的人類。透過戲劇、電影、音樂等，檢視此時彼時的情緒感受，也是很有用的練習。這個過程會提醒我們，在解決問題和理性思考之外，感受自身情緒和理解他人情感的努力也很重要。因為決定人類行為的要素不是只有思考，還有情感。情緒在我們心中來來回回無數次，只是自己沒有意識到而已。別假裝不明白它們的珍貴，今後一起來練習把情緒逐一捕捉、靜靜感受和釋放。

13 嚴苛標準的信念：還是不夠好

曾聽人說「非得完美不可」嗎？你會用「還差得遠」、「得更進一步」的話語來敦促自己嗎？無論別人再怎麼肯定，還是認為自身不足，很可能就是因為有這種信念。

事實上，有的人即使擁有多個學位，仍然認為自己學術不足，挑戰各種領域的博士學程。之所以這樣做，不是出於學習本身的樂趣、探索新知的好奇心，而是認為自己在學業方面仍然不足，為求躋身頂尖而必須加倍努力。還有工作狂也可能是因為有此信念。成長過程中從父母那裡得到有條件式的關愛，或者震撼的失敗經驗深植心中，都可能有此信念。這個信念與缺陷一詞有深厚的連結，使人無法健康地塑造自我形象。任何東西都要求完美，認為競爭一定要贏，金錢或社會地位非得達到最佳狀態，都是因為陷在這個信念之中。這個信念強烈的父母或主管，底下子女和部屬若只是普普通通，絕對無法得到肯定。在這種情況下，對話會變得冷淡，關係也會決裂。

聽到「好失望」這句話的那天，我崩潰了。因為這是我最不想聽到的話。我一直相信，自己要持續不斷努力。我從不求助他人，無論任何事，我都堅持要做到盡善盡美。我深信學無止境，把持續鍛鍊與實現成就視為人生。因此我對自稱為信徒們，卻又過得馬馬虎虎的宗教生活特別感到憤怒，如果真的是信徒，理應規律地做禮拜和訓誨冥想，不遺漏任何一次。我這樣說，意思不是自己做得多好。因為我知道自己在許多方面還差得遠，所以我會繼續鍛鍊自己、鞭策自己，努力成為更好的人。

→請寫下符合自身情況的經驗並分享出來。

→請寫下符合周遭朋友情況的經驗並分享出來。

■以健康大人的眼光重新審視

為什麼這個信念很悲哀？因為被這個信念困住，就沒有快樂可言，幸福會一直被推遲。追求成功的生活，反而創造出絕對無法成功的人生。我們永遠都會看到比自己升遷更快的人、更會讀書的人、更帥氣的人、更苗條的人、更富有的人，那是必然的。嚴苛地訂定高標準，一旦達成之後，又再提高標準，所以始終沒有滿足的時刻。也可以說，大部分想用這種方式補償幼時自卑感的心理，正是這種信念體系使然。但要知道，人生不是只有成功與失敗之分，過程中還有樂趣。對話的時候，目的不在解決問題，而在理解對話過程本身。

首先要練習降低過度的標準。吃完飯，洗碗工作延後兩餐再做。居家打掃，間隔兩天左右。一週有一天不學習，只負責玩耍。試試看一個人靜靜散步，然後向摯愛的人們說道：「謝謝你的努力。」再向自己說道：「不完美也沒關係。」

14 處罰的信念：做錯一定要受罰

「做錯一定要付出相同代價。」、「壞人應該受到懲罰。」

對於持有處罰信念的人來說，沒有寬恕可言。他的殘忍不僅適用於自己，同樣也適用於對方、適用於社會的觀察。所謂「試圖理解」這類的可能性是不存在的。

若是由過度嚴厲的父母撫養長大，這種信念會更加強烈。寬恕、理解與和解的經驗愈貧乏，受害卻得不到補償的經驗愈深刻，這個信念愈可能在我們的內心根深柢固。因此在人生路上，有時會嚴重自責，認為處罰是理所當然的，缺乏人性的寬容。

任何人做錯都該受罰。我主張在錯誤面前不能寬容。孩子考試考不好，我對他體罰，同時我認為，爸爸沒教好也該打，所以叫孩子打我。當然，我承認是有點過分，但我相信雙方做錯要受罰是理所當然的。如果開始寬容錯誤，社會秩序就會崩潰。原因在於，種什麼因，得什麼果。

↓請寫下符合自身情況的經驗並分享出來。

↓請寫下符合周遭朋友情況的經驗並分享出來。

■以健康大人的眼光重新審視

每個人都會犯錯，然後會從錯誤中學習成長。但是，如果完全不去理解為何犯錯，把單看結果就得受罰挨罵視為理所當然，哪裡能夠體會寬恕與和解？孩子們會面臨什麼樣的挑戰？如果在缺乏脈絡理解之下，只憑結果來評斷，誰又願意先起身行動？

重要的是努力聽取理由說明，而非視之為藉口。對自己行為負責的同時，我們也必須寬容對待自己。首先，請以寬容的心對待摯愛的家人與朋友。承擔責任與接受處罰有點不同。與其處罰，不如一起討論如何對行為負起健全責任，學習寬恕與和解。本書後面，我們會一起練習這個部分。處罰的信念十分僵硬死板又枯燥，令人感到孤單。

衝突無法解決的理由

我們先來整理一下。之前令人感到不舒服的情況出現時，就會陷入以下這樣「啪」自動在腦中浮現的想法，按照習慣的主觀方式做出解讀、行為與對話：

「媽媽講話還插嘴，你現在是不把我放在眼裡了！」

「你面無表情地回應我的打招呼，你是不是很討厭我啊？」

「傳給你的訊息都不立即回覆，真是沒有禮貌！」

「我的丈夫不會表達愛，他是個沒有感情的人。」

「整天把錢掛在嘴上，我太太把我當成賺錢的機器。」

這些言語在表達情況時，都帶入了主觀的解讀。

自動化思考會隨著過去的經驗、從經歷中學習到和個人擁有的本性而有所不同，在這過程中，認知扭曲成為把自動化思考轉化為對話的能量。每個人的自動化思考都受到「框架」（frame）束縛，導致人們會按照衝動思維直接說話與行動，致使衝突無法解決，反而愈演愈烈。自動化思考在框架內的強化循環過程如下：

1身體感覺、情緒

如果發生某種情況，會用自己的思考框架來解讀情況，隨之產生身體反應（臉部潮紅、盜汗、聲音或腿部發抖等），還有不安、憤怒、鬱悶的情緒。

2安全行為

身體感覺、情緒出現之後，自動化反應，亦即照顧自己的「安全行為（攻擊、迴避、僵硬）」會習慣般地出現。

- 說話變快（迴避）
- 腦中一片空白（僵硬）
- 高聲斥喝對方（攻擊）

3心理現實化

安全行為的結果，讓人相信原本恐懼的事已化為現實。後果就是社會自我脆弱，社會關係萎縮。例如，心中出現「他好像討厭我」的念頭時，該念頭變得看似真實一樣，這會導致自信低落，關係失去和諧。這種接受與自己信念一致的資訊（他好像討厭我），忽視與信念不一致資訊的傾向，即為「確認偏誤」（Confirmation Bias），它會強化自己原有的想法，使人陷入維持想法一致性的認知扭曲之中，有可能會失去客觀檢視對方或情況的機會。此一過程常常在對話時帶來致命後果。

- 看到對話時盯著手機看的人，心想：「看吧，顯然你很討厭我。」
- 在公司，如果主管看到我交出的報告，不發一語，我心想：「完了，要被訓了。」

4 扭曲的核心信念

最後，自己本身扭曲的核心信念活化促進「孤立的惡性循環」，在人際關係中開始作用，把自己的情緒責任都推給對方，指責對方，或者把所有的錯誤都攬在自己身上。結果與自己內心的連結中斷，與對方的關係也益發困難。一再重複下彼此的關係就變得不和諧。

自動化思考：「一副頹喪模樣，好像無法得到認可。」——不安

↓身體感覺：滿頭大汗，手腳冰冷，心臟怦怦跳。

↓安全行為：偷偷避開主管。

↓現實化：（主管看到我這副模樣會說）「你這麼消沉，很難融入團隊裡。」

↓扭曲的核心信念：「像我這樣消沉的人，果然沒辦法成功。」、「現在不管做什麼，好像都做不好。」

決定對話的核心信念

心理現實化會塑造扭曲的核心信念，而扭曲的核心信念總是會從言行表露出來。核心信念決定我們的生活，對於我們與他人的關係也有著重大影響。領悟到這一點，我開始稍微了解生活的狀態，也開始了解曾經輔導過的眾多學員的生活狀態。也就是說，對於一起練習對話的眾人而言，這是一個理解的契機，過去全然無法理解為何「他一個人」會那樣想，但現在能夠理解了。

因此，想到核心信念，有時會流下淚來，因為形成核心信念的經驗，讓人心痛，相信該信念為真而嫌惡對方的漫長時光，也讓人心痛。來看看以下例子：

「我不是那麼好的人。」

「我不屬於任何地方。人生終究是孑然一身。」

「人們會利用我。」

「反正不會成功的。」

「這世界只有強者才能生存，因此絕不能表露出我的內心。」

「不知道何時壞事會降臨在我身上。」

這些核心信念最終成為攪困關係與對話的陷阱，在大量的生活刺激中，化為不時冒出的衝動言行。扭曲的核心信念讓人無法看清狀況的真實面貌，讓人無法好好觀察對方的言行。結果導致自動化思考更加強化，與他人的關係產生更深沉的孤立感。最重要的是，它們成了自己感受健康幸福的巨大障礙。常言道：「惡其罪，不惡其人。」我想把這句話改成這樣：「理解信念，便能寬容待人。」帶著信念生活處事的方式，終究是我們的性格。你應該常常聽到「人不會改變」一語，這句話也可以改成：「信念不會輕易改變」。但，我看到許多人變了。清楚明白自己的信念，好好撫慰追求幸福的自己，積極努力改善關係時，僵固的信念也會消失，從而成為柔軟健康的人。

—連結對話練習—

「我們是從自己塑造的內在框架裡看世界。
但，我們必須從內在束縛中解放出來。
請打破框架而出。」

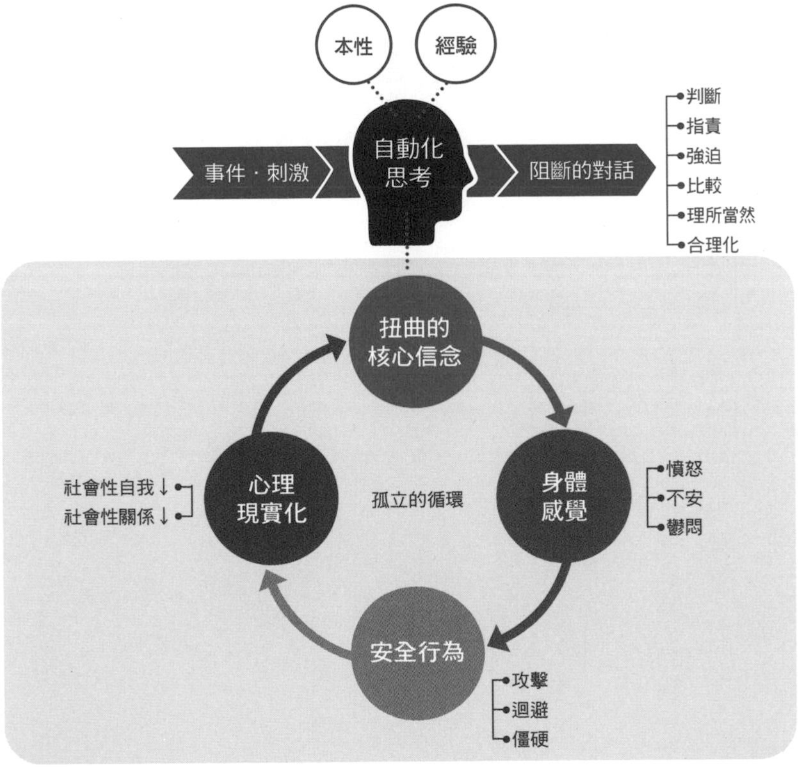

請將上圖拍照，放在手機桌布，不時抽空看一下，並進行下頁的對話練習。

若是遇到反覆出現的困難，可能是正在孤立的循環中迴轉。如果有這種情況，請參考圖示，嘗試與夥伴分享經驗。

1 寫下我主要遇到、反覆出現的不愉快狀況與想法。

範例 在餐廳看到不親切的服務員時。

2 分享我的自動化思考。

範例 我覺得自己被瞧不起，認為這種服務員理當受罰。

3 分享我的身體感覺、情緒。

範例 心臟怦怦跳，體溫突然升高（憤怒）。

4 分享我的安全行為。

範例 上前理論或大聲指責（攻擊）。

5 分享我的心理現實化。

範例 當下暫時覺得很痛快，但又認為人們會因此討厭我而感到後悔，不想表現出這副模樣。但「忍一忍又爆發」，如此反覆。

6 我的核心信念處理。

範例 我不想被瞧不起和被利用。如果看起來好欺負，人們就會瞧不起我（不信任感的核心信念）。如果領薪水卻沒有做好工作，理當受罰，畢竟親切對待客人是本分（處罰的核心信念）。

連結對話練習

1 分享自己固有的核心信念：正面、負面信念都可以寫下來。

- 我是＿＿＿＿＿＿＿＿。
- 世界是＿＿＿＿＿＿＿＿。
- 人們是＿＿＿＿＿＿＿＿。
- 我的家人是＿＿＿＿＿＿＿＿。
- 我的人生是＿＿＿＿＿＿＿＿。
- 母親是＿＿＿＿＿＿＿＿。
- 父親是＿＿＿＿＿＿＿＿。

2 為什麼會這樣想，把腦海中浮現的想法如實寫下來，組成一對一或四人小組，互相詳細分享。

3 聆聽的人請保持靜默，以理解的心態聆聽。

Chapter 2

讓關係變得幸福的對話要素

◆ 覺察 1 觀察

◆ 覺察 2 情緒與感覺

◆ 覺察 3 核心需要與價值

◆ 覺察 4 請求協助與強迫

◆ 覺察 5 認識自我

描繪所見所聞的能力

覺察1 觀察

區分：觀察與自動化思考

若**能夠真正看見、真正聽見事實**，比起腦中當下浮現的自動化思考，你會**發現更多的東西**。而當今極受矚目的「正念覺察」（Mindfulness）概念，強調如實接受想法、感覺與情緒，就是基於觀察的包容。

想要健康地對話，擁有這種正念覺察是相當重要的。進行正念覺察，意指內心不做任何判斷，如實地觀察對象的模樣、想法、動作、言語等一切。**也就是說，觀察是正念覺察的核心，對話也同樣適用**。

進行正念覺察時，人們會按照實際存在的、按照腦中浮現的、按照真實感受來認識自己的感覺與想法。透過這項訓練，將會了解到「我內心的想法」是如何讓自己感到痛苦，也會意識到自己是用個人標準來評斷對方、甚至自己曾經多麼厭惡對方。不僅如此，人們也會看到自己內心迫切想要什麼，明白為何如此執著的原因。當捕風捉影般的話語實際進逼而來時，人們會有所警覺。現實並沒有任何改變，但面對現實的心靈，變得平靜許多。因此，近來正念覺察蔚為風潮，彷彿你我都在練習冥想，到一個安靜的地方，遠離日常塵囂，在靜默中度過孤獨時光，期盼著療癒與復原。

然而，進行深度冥想的人，並非獨自坐在偏僻的地方進行冥想，而是從我們面對的日常與人際經驗中進行訓練。就在目前所處的位置，如實照看正在經歷的一切，透過這樣的正念練習，覺察本人看自己、看對方的態度，放下後再次讓自己的意識停留在「此時此地」。而且，在對話與建立關係的過程中，也能夠知道該訓練的效果。覺察訓練透過生活展露出來的模樣，不就是體恤（Compassion）嗎？因為正念覺察訓練的結果，透過觀察會表現成為接納自己的包容力與懷抱他人的體恤心。

再次回過頭來談觀察，透過觀察訓練，我也領悟到「見如所見，聞如所聞」是件多麼困難的事。在這段期間我發現到，自己的生活裡總是在評斷自己或對方。即使這些判斷中大部分都不是真的，依然信以為真。隨著時光推移，判斷和想法愈來愈強，能夠如實看見的觀察能力卻愈來愈差。

> **我們在觀看的同時，忘記所見之物，而只記得藉此做出的判斷。我們無法記住聽見的話語詞彙，只記得自己對於話語的判斷。**

先前我們將「自動化思考」視為阻斷對話的原因，對吧？也許你曾想過：「若可以在生活中不做負面判斷或指責（亦即自動化思考的核心），該有多好？」但這可能一輩子都做不到。

> **透過對話訓練，所希望的絕對不是「不做自動化思考」，而是「覺察到自己正在進行自動化思考」。**

這兩者有明顯差別，可以解釋為判斷對方「那個人是自私的人」與「我現在判斷那個人是自私的人」的差別。前者認定這個人就是「自私的人」，後者明確意識到那是「我的想法」。換句話說，在後者的想法裡，①包括了或許他不自私的可能性；②意識到那只是我個人的想法，他人可能不覺得；③即使說他自私，他還是可能存在其他面貌。

我總是埋怨離了婚的父母，受不了父母離異帶給我的恥辱。「父母離異是恥辱」的想法總是像個標籤一樣，如影隨形跟著我，所以我無法平心靜氣地與任何人交談。上對話課最大的收穫是，我意識到認為「父母離異是恥辱」只是我自己的想法。「原來我一直認為父母離異很可恥啊！」光是覺察到這一點，就存在其他可能性。也就是說，這可能是恥辱，也可能不是。即使包括我在內的許多人這麼想，但也可能不是。單單知道每個人都能有不同的想法，我就感到自己可以自由了。

核心重點在於「觀察」。見如所見的努力，聞如所聞的態度，我們將之定義為「觀察」，盡量不摻雜自己的想法來表達。**觀察是對話時最重要的起始點，同時也是讓對方能夠順利參與對話的平和方法。**

說話，是現在的我們在講述過往。剛經歷的事，時間上已經成為過去。由於我們的記憶會隨著時間推移而逐漸忘卻，又依經驗有所扭曲，所以很難確信是百分之百的事實。因此，即使已經盡可能按照所見所聞觀察後說話，承認那可能不是事實的態度還是很重要的。對話練習的第一步，在於表達那只是我的記憶、我的觀察，態度上願意聆聽對方的觀察。

現在讓我們更加仔細了解什麼是觀察，練習如何區分判斷與觀察。

觀察練習：尋找平靜心靈之路

每天我們都會經歷大大小小的情況，這些情況是對我們的刺激（不適或舒適）。如前所述，刺激有時會讓我們幸福，但有時也會讓我們感到不舒服。面對這類日常刺激，你的反應方式決定了對話、行為與關係的質量。

然而，在處理某些事情時，我們有時會陷入「基本歸因謬誤」。通常會將自己所處情況的問題「歸咎於社會與環境條件」，而將對方的問題「歸咎於人」。這種情形稱為「基本歸因謬誤」（Fundamental Attribution Error）。今日人們常做的諷喻「我做是浪漫，別人做是不倫」，也屬於這一類的判斷。

想想看自己上班遲到與同事遲到時的情形：

「我怎麼可能不遲到，今天到處都在塞車。」

「他今天遲到，看來上班不是很認真。」

這時我們能做的有效方法，就是「觀察」刺激本身。不過，我們更習慣在觀察時陷入自動化思考的分析與判斷。因此，請從觀察小事物開始，練習觀察日常生活與人。

周圍的東西或人、對方的一句話、往事的回想、眼見的一切，在當下這瞬間都可能變得很重要。「啊，那個」想法一出現的瞬間，我們就在觀看或聆聽，吸引我們的注意、喚醒我們的感覺、對我們有意義的東西，那就是刺激。一起來做個小練習吧！

↓現在請從吸引自己目光的周圍物品中，挑選一樣拿過來。

範例 運動鞋

→看著我拿過來的物品，分別覺察自己的判斷與觀察。

→判斷：運動鞋舊了／這款鞋子已經退流行了

→觀察：這是三年前生日時買的／最近都沒看到有人穿這款鞋子了

• 判斷：

• 覺察：

我們看到或聽到某個有意義的東西，會將腦中浮現的自動化思考信以為真，再與對方交談。如果此時浮現的自動化思考，不是如前所述的物品，而是關於人的行為或人格時，對方很可能會出言攻擊、迴避、辯解，出現更強烈的反感，而非積極參與兩者的對話。

「你又懶又髒。」

→昨天忙，所以沒洗澡。——辯解

→那你又多乾淨？——攻擊

人們通常會用以下兩種方法來解讀現況：

1 透過從過去到現在學習積累的資訊來解讀：

範例 你沒洗澡，這衣服也穿了好幾天。

2 根據現在當下經歷的情況或狀態來解讀：

範例 現在還看到你的運動鞋很髒。

↓所以你是又懶又髒的人。

從上述範例可知，我們根據自己正在經歷的主觀狀態，即興地判斷和評估情況。然而，對方往往不同意這樣的評價與判斷。因此，要讓對話自然平順地持續下去，不要一開始就用自動化思考判斷話語，根據觀察說話的方式較為溫和，避免惹人反感。也就是說，**透過覺察刺激的觀察訓練，可以縮小對方和我的觀點差距**。就對話的態度與技巧來說，這確實是十分重要的過程。

房間很髒。↓「不會啊！」（不同意）

你的襪子在書桌上。↓「嗯，對耶。」（可能同意）

觀察，就是如實表達你所看到的、你所聽到的原本樣貌，指的是有意識地努力用客觀化的不同眼光來看事物、對手、行為、言語，甚至腦中浮現的想法與情緒。

喬・卡巴金（Jon Kabat Zinn）❶教授是正念減壓療程（Mindfulness Based Stress Reduction Program: MBSR）的開發者，他曾談到有關注意刺激與如實照見如下：

「當你開始注意自己內心發生的事件時，很快會發現每個事件基本上都是一種評判。覺知到這一點是好事，不需要再去評判它或試圖改變它，只需看著它就足夠了。然後真正的明辨——如實知見（seeing）事物的能力，就能生起。」

——摘自喬・卡巴金的《正念減壓初學者手冊》❷

我們已經習慣於根據過去的經驗做出快速判斷和處理刺激。**雖然透過這樣的判斷和評估來看問題，有時符合所謂的「效率」，可提供「快速解決」的便利，但是把草率的判斷和未經確認的評價用到「人」的身上時，「我們的關係」可能會變得非常痛苦。**比起追究真相或相互判斷，回

❶喬・卡巴金（Jon Kabat Zinn，一九四四～），是美國麻省理工學院分子生物學博士、麻薩諸塞大學醫學院的榮譽醫學博士，也是麻薩諸塞大學醫學院覺察中心及其附屬醫院減壓門診的創辦人。

❷《正念減壓初學者手冊》，繁體中文版由溫宗堃、陳德中翻譯，張老師文化出版，二〇一三年。

歸觀察不僅能夠如實觀照情況與對方，在需求和情緒方面也會有更多的發現，還可以摸索出更良好的應對方案。關於這部分，我們會再慢慢學習與練習。

連結對話練習

試試看觀察練習。

（雖然可以自己看書練習，但兩人或多人練習的效果更佳。）

「個人物品觀察」練習

- **一對一練習：**帶來個人物品，嘗試與夥伴一起觀察，盡量多寫一點。
- **分組：**每一組發表完之後，聆聽其他人是否同意觀察的意見。

範例 運動鞋

1 白色運動鞋。

2 鞋帶是黑色。

3 寫著英文字：ADIDAS。

4鞋頭是圓形。
5皮革中間有圓洞。
6洞孔直徑為二公釐左右。
7鞋子內側寫著二十七公分。
8鞋底和鞋緣是用橡膠製成。

連結對話練習

「日常生活觀察」練習

- **一對一練習：**各自寫下判斷自身日常生活的句子，與其背後的五項觀察，和夥伴輪流述說。
- **分組：**每一組發表完之後，聆聽其他人是否同意觀察的意見。

範例 我今天非常忙碌。——判斷

1凌晨四點四十分起床，出門看錶是五點二十分。

2直接開車去首爾火車站，六點抵達，買了紫菜包飯，六點二十分搭火車。

3三小時內回覆了十二封電子郵件。

4下火車後搭計程車，三十分鐘左右抵達要講課的公司。

5授課六小時後，搭火車回家。

連結對話練習

「行為觀察」練習

- **一對一練習：**各自寫下判斷對方行為的句子與觀察內容，和夥伴輪流述說。
- **分組：**每一組發表完之後，聆聽其他人是否同意觀察的意見。

範例 **對方行為評估：**那名職員工作很認真。

↓昨天他傳簡訊給我，表示：「請您多多指導，我會全力以赴學習，不足之處也請不吝指教。」

範例 **對方行為評估：**我的同事既白目又貧嘴。

↓他與我的部屬開會時，看著我說道：「跟這個人一起工作很累吧？主管個性毛毛躁躁的，你一定覺得很辛苦。」

1 對方的行為（判斷）**：**

2 我的觀察內容：

補充練習

範例 **對方行為評估：**他話很少。

↓昨天晚間的四人會議，三小時內他只說了三次話。

1 我先生很吝嗇。

↓

2我的孩子沒辦法和朋友打成一片。

↓

3那家店的老闆很親切。

↓

4本組的朴股長沒有主見。

↓

5媽媽總是怪罪別人。

↓

6那名老師確實有當老師的資格。

↓

7他很高尚。

↓

8我的主管很愛倚老賣老。

↓

覺察2 情緒與感覺

我們活著的第一個證據：「感覺」

只要搭飛機，我就會感到呼吸困難，特別是機艙門關上，飛機加速準備起飛，開始在跑道上疾行的時候，身體的感覺也開始迅速變化。我從小就有恐慌症，雖然經過多年的覺察練習較為舒緩，但現在依然不覺得坐飛機是愉快的經驗。

幾年前，我和朋友一起去新加坡旅行。那一天，雖然搭飛機感覺比以往安適許多，但起飛時還是有點緊張，飛機開始在跑道上衝刺時，我望著朋友問道：「貞恩，你還好嗎？」朋友立刻覺察到我為何會說這句話，於是微笑握著我的手，盯著我的眼睛看，然後說道：「宰蓮，你現在和我在一起，就這樣而已。」

聽完朋友的話，我覺察到某些想法（「這飛機下面懸空。如果飛機墜毀，該怎麼辦？會不會再也見不到兒子了？」）讓自己非常不安。隨後，我試著改變想法為：「現在我只是和這位朋友在一起」，慢慢做了幾次深呼吸。不久，我覺得身體又暖和起來，肌肉也放鬆下來。

如同這個發生在我身上的實例一樣，**想法會塑造感覺，改變行為**。所以我停下握緊拳頭、抓住手把、檢查安全帶的行為，開始與朋友討論起旅途中要做些什麼。

→寫下心跳加速的經驗並加以分享。

→寫下頭暈眼花的經驗並加以分享。

→寫下發燒或發冷的經驗並加以分享。

就像這樣，感覺和情緒彷彿是向我們傳達某種訊息的信號燈，偶爾也會向我們發出需要休息或關懷他人的信號。但有時候，若是執著於隨感覺而來的想法（例如：「他好像瞧不起我」、「我可能會累倒」），身心可能會面臨痛苦處境。

最能夠讓我們精確知道自身感覺的代表性例子，就是恐慌症（Panic Symptoms）。特定情況被視為具有威脅性時，除了焦慮之外，同時還會明顯經歷多種身體感覺（眩暈、發冷、呼吸困難）。此時，身體不適感的經驗，加上預想著嚴重後果的悲劇性想像（災難化——死亡般的恐怖、瘋狂般的恐懼），產生的不安又再強烈放大身體感覺，導致更極端的想像，如此惡性循環，最終導致恐慌發作。這就是因為我們的想法長期支配著我們的感覺和情緒。

當我們觀察或想著某人或某事物時，會感受到自然產生的身體感覺與情緒。例如，暗夜走在街頭上，覺察（看到或聽到）身後有人走近時，身體會有顫抖、起雞皮疙瘩、心悸之類的感覺，那可能是「恐懼、害怕」的情緒。感覺和情緒就像是同一父母生下的雙胞胎。日常生活中有時也有相同的經驗。早上起來，如果感覺發出「精神不濟」的信號，「今天會很累人」的想法自然隨之而來。繼續專注在這個想法上，就會感到無力而更加鬱悶。反之，若是睜開眼睛時感到精力充沛，則會專注於腦中浮現的想法「今天會很有幹勁」，因此變得更有活力。我們能夠如此感受到這些感覺，意即我們的身體機能運作正常，同時這也證明了我們還活著。畢竟，如果死了，身體機能便不再作用，我們是無法感受到任何感覺的。

我們活著的第二個證據：「情緒」

「我們不會試圖理解感受，只是照著感受去行動。」

如果有人捏了我們手臂一下，會怎麼樣呢？這時候，我們都會有觸覺感受。刺痛的觸感是很明顯的感覺，對吧？

1 情緒可能會隨想法而異

如果那個人是你非常討厭的人，你會有什麼感覺？

你可能心裡想著：「他怎麼這麼沒有禮貌？」同時又感到「無奈和不悅」。反之，如果是另一半或好友，你可能會想：「幹嘛這樣逗我？」同時「燃起好奇心」。雖然同樣是「捏」的刺激，情緒可能會隨著我們的想法而有所不同。

我在搭飛機時，情緒之所以能夠從不安化為舒坦，就是因為看著朋友而改變了想法。正如被捏的時候，對方若是討厭的人，心裡可能會想：「那個討厭鬼為什麼捏我？」但若是心愛的人，心裡想的卻可能是：「他在撩我嗎？」

2 情緒可能會隨需求而異

「尊重」或「身體安全」的需求可能使人心裡感到不舒服，但「理解」的需求則會引發好奇心。隨著我們的需求（Need）為何，同樣的刺激（捏）也可能感受到不同的情緒。我在飛機裡的安全需求很重要，所以感到不安，但意識到我與朋友在一起的事實瞬間，安全需求得到滿足，覺得情緒舒緩下來。換句話說，情緒扮演了信號的角色，告訴我們期望的需要或需求是否充分得到滿足。

3情緒和想法必須區分

對話時，針對他人言行的「解讀」與內心感受到的「情緒」，兩者有必要加以區分。我們在表達情緒時，常常會與想法和判斷混淆表達。或者有時無法精確識別自己當下的情緒，遂壓抑情緒，只用想法來表達。因此我們會想把情緒分好壞、分正負面，試圖迴避或壓抑它們。然而，身體感覺和情緒是坦率告訴我們某些東西的信號。

被問及得知獲得升遷的心情如何時，我只說：「很好，非常棒。」除此之外就詞窮了。被問了好幾次情緒感受，卻愈來愈摸不著頭緒。很好、棒極了、心花怒放……我把知道的話都說了，但老師依然說那是想法，不是情緒。

直到有人問我身體感覺有何變化，我才想到「當時心臟跳得很厲害，身體在發熱」，用情緒詞彙來表達的話，可以說是「興奮、振奮、激動」。「升遷啦，怎麼樣？」收到這樣的升職祝賀問候時，我通常禮貌性回覆道：「以後必須做得更好才行。」

我想了想，平時似乎沒有人問過我：「心情如何？感受如何？」每個人都是問：「應該怎麼做？」即便如此，我也不關心自己感受如何，或者是因為不了解情緒吧。

我總是在思考，關心的只有好壞，試圖避免感受到負面情緒，或者只想消除它們。希望往後自己能夠成為一名可以坦誠向孩子訴說和表達情緒的父母。

大致上，在坦率表達自身情緒並不安全的家庭中成長的人，往往會以不恰當的方式壓抑或迴避自身情緒。

如果對於情緒有良好的理解，就很容易從扭曲的想法中回復過來，心理上更加游刃有餘，得以如實聆聽對方的話語。這樣可以發展出理解彼此所願與採取行動的根本力量。也就是說，能夠仔細理解自身情緒的人，會以健康的方式處理自身情緒，在與他人的關係中更擅於傳達自身立場，所以能在人際方面建立理想的關係。換句話說，若要修復關係，先從仔細理解自己的情緒感受開始。

現在，關於感覺和情緒，再來多做一些練習吧！

我們練習把情緒感受當做「需求被滿足時」和「需求未被滿足時」出現的內心信號。請看左表，再來進行連結對話練習。

情緒感受分類一覽表			
需求被滿足時的內心信號（感受）		需求未被滿足時的內心信號（感受）	
舒坦	平靜	暴怒	忐忑不安
寬容	精力充沛	生氣	不耐煩
生氣蓬勃	著迷	冷若冰霜	頹喪
放鬆	感興趣	委屈	煩躁
鎮靜	顫抖	不高興	困惑
安心	愉快	焦躁	混亂
好奇	痛快	急躁	不安
靜默	驚訝	悵然	彆扭
從容	感激	悲傷	麻木
欣慰	振奮	失望	僵化
滿意	充滿勇氣	無力	寂寞
感恩	舒爽	孤獨	擔憂
感謝	充實	痛苦	憂愁
高興	舒暢	悲慘	緊張
踏實	滿足	惘然	震懾
親切	自豪	空虛	驚訝
溫和	酥麻	恐懼	羞愧
幸福	開心	害怕	挫折
害羞	輕鬆	疲累	心煩
快樂	清爽	疲憊	可惜
飄飄然	愉悅	無聊	畏縮
興奮	充滿期待	沮喪	思念
充滿希望		遺憾	

◎感受是需求被滿足時或需求未被滿足時內心發出的信號。

—連結對話練習—

1 暫時靜靜回想一下過去的難忘經驗。

- 重返當時情況，彷彿實際正在發生一般地回想。
- 具體說出究竟是什麼事，一面回顧經歷，一面分享。
- 當時我說了什麼話，做了什麼行為？
- 對方說了什麼話，做了什麼行為？

範例 幾天前，我和朋友一起去看恐怖片，看到一半，我說：「我們走吧。」然後朋友跟著我出來。

2 請回想當時的感覺和情緒。

- 身體有什麼感覺嗎？
- 內心有什麼情緒感受嗎？

感覺	情緒感受
範例 頭暈、手臂起雞皮疙瘩、感覺發冷。	範例 緊張又害怕。

情緒的相互作用

請先看看下圖：

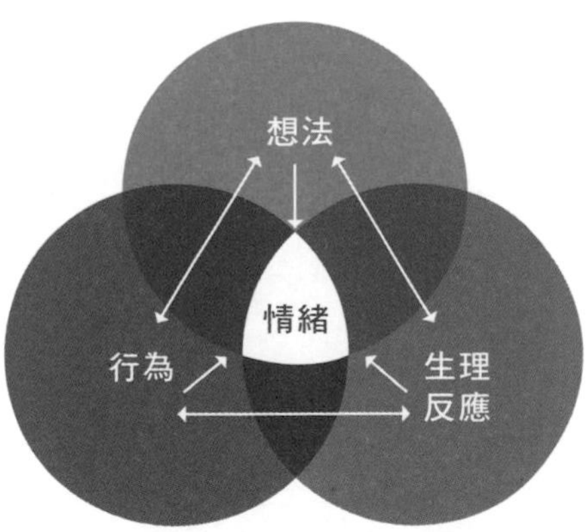

情緒會受到想法、行為、生理反應影響，
而想法、行為、生理反應又會相互影響。

1 想法

我們腦中會不斷浮現各式各樣的想法，可能是記憶、心象（腦中浮現的意象）、對話或自言自語等，也可能是指示、命令或規則、信念等。而想法又會引發什麼樣的行為與生理反應，來看看以下例子：

- 「我覺得自己一無是處。」→引發憂鬱心情和不安
- 「我認為自己很帥。」→引發快樂和興奮心情

如果覺得自己毫無用處而感到憂鬱，言行將是如何呢？比起積極參與聚會或團體，或許更想獨自在家。就算父母看到這模樣而勸說：「出去走走吧！」回答也可能是：「我只想待在家裡，別管我了。」如果認為自己是最棒的，則聲音會充滿力量，在人們面前能夠抬頭挺胸，大聲說出

自己的想法。就像這樣，**我們的想法會改變我們的情緒感受，引出我們的行為。不僅如此，想法還經常在我們的對話中起到動機的作用。**

2 行為

行為指的是外在表現出來的所有行動，如與對方吵架、迴避逃走、一句話都說不出來而僵住等行動方式。除了身體動作，說話也包括在行為之內。這類行為能夠改變我們的情緒感受。

- 「與好朋友見面的行為。」→引發快樂愉悅的心情
- 「口中不斷吐出指責言語的行為。」→引發怒火和痛苦心情

你應該曾有過這樣的經驗：即使在心情有點憂鬱的日子，與自己喜歡的人、心愛的人一起共度，內心會覺得比較快樂幸福。或者，不斷責罵別人時，火氣也會愈來愈大。又，如果持續聽到某人指責第三者，儘管事不關己，也會感到痛苦或難為情。人們有時會因為某個行為，情緒產生變化。

3 生理反應

人體內存在數十種神經傳導物質，血清素、多巴胺、腦內啡等物質都會影響到情緒感受。大腦的構造狀態（腦損傷與障礙）也會影響到情緒。

- 血清素低下→攻擊性增強，誘發氣憤的情緒
- 正腎上腺素低下→引發焦躁不安的情緒

血清素是會嚴重影響人們心情或情緒的神經傳導物質之一。當血清素分泌時會讓人感到幸福舒適、能夠正面思考，血清素一旦下降則會讓人憂慮或心煩，引起恐慌。而正腎上腺素的角色也是刺激交感神經系統的荷爾蒙。適量分泌可以提升專注力，活化代謝活動。這兩種荷爾蒙通常會在我們適當運動時進行分泌。也就是說，適當運動時，情緒會因這類生理反應而變化調節。

一位與父母溝通不良的來訪者，年約三十出頭，是位正在服用抗憂鬱症藥物的女性上班族。她曾因憂鬱症而足不出戶整整三個月。雖然服藥後心情大幅改善，她還為自己另外訂下居家附近散步的行為目標。每天走路三十分鐘以上，即使當天心情不好，抑鬱感也會逐漸減少。活動身體不僅可以讓身體健康，還能塑造健康的心靈。而且，前面提到的腦化學物質也會努力發揮作用。對話溝通是否良好，與這類身體條件也有密切關連。

連結對話練習

1 所有人靜下來，回想一下最近「心情低落的經驗」。各自平心靜氣地輪流說明發生了什麼事。

2 每個人靜下來，提筆勾選當時心裡浮現的所有詞彙。

□無力	□彷彿被拋棄	□悲傷	□似乎結束了
□好像失敗了	□寒心	□挫折	□無法得到認可
□頹喪	□好像一無是處	□空虛	□畏縮

若是勾選「彷彿被拋棄、好像失敗了、似乎結束了、寒心、無法得到認可、好像一無是處」，我認為那都是想法，而非情緒。左表將可以讓我們清楚區分自動化思考與情緒感受。

情緒明確識別練習表

自動化思考	與想法區分的情緒感受
被遺棄	恐懼、悲傷、孤獨
受到虐待	害怕、無力、悲慘
不受支持	傷心、委屈、頹喪
受到攻擊	害怕、畏縮、暴怒
受到背叛	憤怒、失望、頹喪
受到奚落	恐懼、不安、畏縮
受到霸凌	不安、孤獨、恐懼
受到束縛	煩悶、心煩
受到欺騙	失望、委屈、憤怒
不被需要	孤獨、悲傷、悵然
不受信任	絕望、委屈
被貶低	悵然、憤怒、難為情
受到奚落	生氣、丟臉、無力
被打斷	心煩、不耐煩
受到威脅	不安、恐懼、擔憂

受到誤解	不舒服、傷心、委屈
受到打壓	無力、困惑
受到剝削	生氣、疲累、挫折
受到過度保護	厭煩、無力、煩人
受到挑釁	心煩、不耐煩
被施壓	悲傷、煩悶、頹喪
受到排斥	畏縮、悵然
受到誤解	憤怒、失望、擔憂
被逼到絕境	恐懼、急切
被視為理所當然	悲傷、悵然、失望
受到脅迫	害怕、恐懼、畏縮
被踐踏、被蹂躪	無力、挫折
不受賞識	悲傷、孤獨、悲慘
無人支持	無力、悲傷、孤獨
被利用	不安、委屈、悲傷
遭到侵犯	混亂
被不當對待	委屈、心煩、憤怒

一連結對話練習一

請參考前面的「情緒明確識別練習表」，提起筆：

1 勾選你想到「這正是自己當下情緒使用」的「自動化思考」詞彙；

2 然後勾選右欄所推估的情緒（沒有的話，請參見第107頁的「情緒感受分類一覽表」，找找看自己的情緒）。

原以為是情緒而使用的自動化思考	當下感受到的個人情緒
範例 被遺棄	範例 孤獨、不安

3 請嘗試述說如下：

「我想到自己被遺棄時，感受到的情緒是孤獨與不安。」

「我想到自己被利用時，真的很委屈，一把怒火燒上來。」

※希望大家能每天看看這個表格，進行區分想法與情緒感受的練習。

學習辨別情緒的目的，不是壓抑，而是接受與調節

我天生就是個急性子。從小就常聽別人這樣說我，家父也是這麼說。現在連另一半都說我總是很急。我也認為自己的情緒反應比別人快得多。小小的幸福就感覺強烈，小小的怒氣也感覺強烈。直到上了連結對話課，我才明白這可能是自己與生俱來的「情緒敏感」。我是情緒高度敏感的人，所以情緒很容易快速起伏激動，明白了這件事，心裡雖然難過，但還是持續學習對話，十週之後，很神奇地，另一半說我變了很多。尤其，很容易發脾氣一直就是我的大問題，但現在我不是不生氣，而是即使生氣，反應也能略做調節。我還練習了深呼吸，情緒反倒不用壓抑或強制忍耐，而是用情緒感受加以命名再好好說出來，感覺真的輕鬆許多，我想，未來我也能夠把情緒調節得很好。

每個人的性格不同，脾氣也不一樣。面對相同事件與刺激的反應各異，也是刺激引發的「情緒敏感」不同所致。

情緒敏感可能取決於諸多因素，包括刺激的強度或質量、個人性格與特質等。不過，如果花時間加以練習，你可能會有辦法改變情緒。這裡指的不是轉念、做呼吸冥想或壓抑情緒本身，而是如實地接受情緒。此一過程稱為「情緒調節」。

阿姆斯特丹大學的心理學家桑德．庫爾（Sander L. Koole）❸ 把這兩種反應層面構建為「情

緒敏感」與「情緒調節」的假設模型。如果情緒敏感控制不易，情緒調節時可以根據個人策略來進行。根據情緒相關的發展心理學研究顯示，情緒敏感的發展獨立於環境影響之外，而情緒調節能力則與兒童時期照顧者的社會互動相關連，也會隨著成長持續改善。換句話說，相較於情緒敏感，情緒調節是可以訓練的。情緒調節的關鍵不是壓抑情緒，而是接受情緒。

請先參考下頁的圖，然後繼續思考。

我們有自己可以調節的事物，以及無法調節的事物。自然而然出現的身體感覺和情緒是無法輕易控制的。如下頁圖所示，請試想站在大庭廣眾之前公開演講的情況。心臟怦怦跳或緊張留下的冷汗，都無法強迫停止。同樣地，瞬間感受到的恐懼或鬱悶也不易控制和消除。

不過，如果能夠如實照見與覺察這些感覺和情緒，就會發現在自己的想法及內心裡還有更多可能可以調節的事物。為了即將公開演說而感到緊張時，覺察到「心臟正怦怦跳」，還馬上意識到「我很緊張，人在發抖」，這時候做幾次深呼吸，或者說出：「我現在很緊張，有點抖呢。」心情會較為平靜，緊張得以舒緩。

❸桑德．庫爾（Sander L. Koole），阿姆斯特丹大學的心理學教授及阿姆斯特丹情緒調節實驗室的主任。主要研究人們如何自我調節思想、感受和行為等廣泛問題上。

情緒覺察對於我們內心的影響

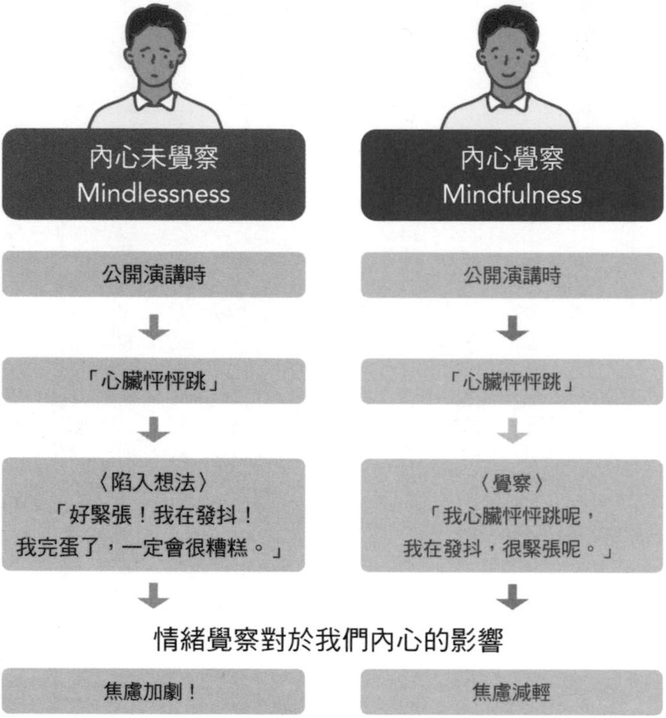
內心未覺察
Mindlessness
公開演講時
「心臟怦怦跳」
〈陷入想法〉
「好緊張！我在發抖！
我完蛋了，一定會很糟糕。」
焦慮加劇！
內心覺察
Mindfulness
公開演講時
「心臟怦怦跳」
〈覺察〉
「我心臟怦怦跳呢，
我在發抖，很緊張呢。」
焦慮減輕
情緒覺察對於我們內心的影響

—連結對話練習—

情緒覺察

每天試試以下練習吧：

1 尋找日常生活中感受到的情緒詞彙，隨時寫在下表左欄（為情緒命名）；

2 改成像右欄範例一樣的句子，大聲唸出來，承認自己的情緒。

為情緒命名	情緒覺察
範例 心煩、舒坦	範例 現在我正感受到心煩的情緒呢。 現在我正感受到舒坦的情緒呢。

※希望大家都能每天看看這個表，進行覺察情緒的練習。

進行對話與行動的決定性理由

覺察3 核心需要與價值

認清自己重視的價值和無時無刻想要的需求，與他人對話時可以預防或和平解決諸多衝突。因為每個人都擁有各自人生中的重要價值與需求，這一點是彼此共同的連結。

尋找守護自我的習慣

人都會感受到情緒，且在特定情況下會用習慣性的言行來處理情緒。比起深入的思考判斷，這更像是習慣性的無意識行為。再進一步細究，處理情緒的習慣性方式和策略，與我們的核心信念有深切連結。而在長期學習或社會化過程中所學到的策略，有對我們有所助益的，也有無所助益的。心理學家納迪亞・加涅夫斯基（Nadia Garnefski）[4]整理出以下九種人們用來調節情緒的策略方法。我們來一一檢視吧。

1自我指責（Self-Blame）

雖然事情發生，彼此情緒都不好受，儘管分明不是我的錯，但無條件都會怪罪自己。我不知道那樣做好不好，但至少心裡覺得舒坦。

這是在心裡不舒服的情況下，即使不是自己的責任也責備自己的自我情緒處理方式。

2正向重估（Positive Reappraisal）

不管什麼事，我都會努力往正面思考。這並不是我的本性，只是因為很怕被捲入負向思考中，所以會更加努力。即使遇到不好的事，也會認為事情發生顯然有其重要含義，或者試圖找出正面的部分。

這是想從自己遭遇的情況中找出正向層面或意義的情緒處理方法。

❹納迪亞．加涅夫斯基（Nadia Garnefski），荷蘭萊頓大學臨床心理學系的副教授、醫療保健心理學家和認知行為治療師。

3指責他人（Blaming Others）

老實說，我覺得大部分都是別人的錯，而且在那瞬間，我會不知不覺說出：「誰叫你不聽我的話」或「就因為你那樣做才變成這樣的」之類的話。說完這些話，心裡的難受會暫時舒服一點。

這是把自己身上發生事情的一切原因歸咎於他人，或視為對方錯誤的自我情緒處理方式。

4災難化（Catastrophizing）

其實在事情發生或開始之前，我就往往會做最壞的打算。我經常在想自己是否能夠承受得起最糟的情形，人際關係也是如此。他與我的關係最壞會是什麼樣子？

這是一邊想像最痛苦、最災難的結果，一邊把自己的經驗視為最壞情況的方法，也是一種調節情緒的方法。

5反覆思索（Rumination）

在事情解決之前，會一直想著那件事。對於其他人的事，也常常這麼處理。我會不停思考為什麼那樣、他在想什麼、為什麼我會那樣想和那樣做。周圍的人都說我想太多，這的確是事實，但我沒有信心修正。

這是反覆思索咀嚼負面事件與有關情緒，導致沉溺於相關想法與情緒的方式。

6解決式思考（Refocus on Planning）

一旦事情發生，就不由自主地制定解決策略，開始準備執行。因為我認為無謂的感情用事，只會讓事情變得更複雜，所以會一直想著要先解決再看。從小別人都說我的責任感很強，在工作上因此得到許多認可，但在婚姻生活中卻完全不是這麼一回事。

這是會具體思考如何調整情況、該做什麼事。

7觀點轉換（Putting into Perspective）

想到自己已經四十好幾，帶著孩子，卻還沒有自己的房子，心裡就非常難受。不過那種情緒不會持久。儘管現在還是無殼蝸牛，但我並不可憐，因為我的身體還很健康，薪水也很不錯，已經比許多人好很多了。

這是與其他事做比較，相對降低事件嚴重性的思考觀點轉換法。

8正面再聚焦（Positive Refocusing）

每次在部隊站崗的時候都很累。這時候，想想女朋友，心裡就會感到比較舒坦和幸福。在職場中，每當覺得自己好像要不行的時候，想起鼓勵我的家人或快樂時光，不安的心情往往就變得不一樣。

用愉快的想法替代實際事件的思考，以這種方法處理情緒。

9接受（Acceptance）

我認為人生是不會依照計畫走的，生活是無法預測的。所以無論發生什麼事，都是有可能的。無論好事或不順利的事，都只是經驗而已。雖然希望盡量多發生好事，但不管發生什麼事，我都會像迎接人生訪客般得面對。

無論事件是正面或負面，接受這些都是自己的經驗。

就像這樣，我們在情緒上陷入恐慌或感受到強烈起伏時，為了生存，會使用各種方法來調節情緒，做出行動。這些方式會透過彼此之間的對話，原封不動地呈現出來。特別是在感知到不想要的情緒信號時，個人為了調節自身情緒，經常會使用從過去的經驗累積而來的習慣化情緒調節策略。

連結對話練習

1 請寫下前述的九種情緒調節方法中，通常在我感到不舒服時會使用的方法，然後分享給旁邊的人。

2 請寫下何種方法是有幫助的，然後分享理由給旁邊的人。

3 請寫下何種方法並沒有幫助，然後分享理由給旁邊的人。

健康調節情緒的方法，不是任由情緒擺布，而是重新明確檢視刺激（刺激——觀察），真實認識自己的情緒和想法（自我認知）開始。

承認個人情緒的責任在於自己

現在想起來很慚愧，我曾經打過女朋友。一有問題，我總認為是對方的錯，所以就會暴力相向。小時候，爸爸也經常打媽媽，而且每次都會說：「因為妳做了該被打的事，所以我才會打妳的。」我和朋友打架或向人動粗後，也會說出同樣的話。這幾乎是不經思考的習慣性行為。

雖然我們不自覺，但只要感受到情緒，就會快速做出自動化思考，按照前述的九種策略（自我指責、正向重估、指責他人、災難化、反覆思索、解決式思考、觀點轉換、正面再聚焦、接受）行動，用六種模式（判斷、指責、強迫、比較、理所當然、合理化）說話。

比起靜下來深呼吸，認知到自己現在處於什麼樣的情緒，檢視情緒的原因所在，我們往往是習慣性地進行自動化思考，從而做出衝動的言行。當然，前面提到的一些做法也是有所助益的。但這裡強調的絕不是別做那些，而是要尋找並了解更根本的情緒原因。

在情緒的底層有需求，因此，每個人都有自己想要的狀態。人在感到滿足和不滿足時，會產生各種相對應的情緒。根據自己的需求，出現的情緒可能各式各樣。**也就是說，現在知道我的情緒根源是需求，這意味著自身情緒的責任也在我的需求。因此，正如自身情緒的責任在於我的需求一樣，對方的情緒也是在對方的需求，所以責任在於對方。**雖然可以理解對方的情緒，但我不必為對方的情緒負責。總之，**情緒的原因在於各自的需求**。

例如，如果不能滿足適當休息的需求時，有的人會想：「為什麼不讓我休息？」同時出現心煩和憤怒的情緒；又有人是想：「我有資格休息嗎？」同時心裡感到悶悶不樂；還有人可能是想：「人生總是很累。」而產生絕望和無力的情緒。雖然在情緒上，每個人可能有不同的反應與感受，但情緒發生的原因就是「休息」的需求。因此，發現我們表現的各種情緒底層有何需求，是非常重要的。原因在於，若不想讓自己被隨時變化的情緒拉著走，同時還怪罪他人或自我指責，這項有意義的工作可以讓我們確切認識自己的期盼與願望，尋找滿足它的手段。

想法—情緒感受—需要分類一覽表（覺察自動化思考話語的情緒與需求）

	自動化思考	與想法區分的情緒	成為情緒原因的核心需要
1	被遺棄	恐懼、悲傷、孤獨	歸屬感、照顧
2	受到虐待	害怕、無力、悲慘	關愛、身體／情緒安定與安全
3	不受支持	傷心、委屈、頹喪	理解、紐帶關係、歸屬、貢獻、公平
4	受到攻擊	害怕、畏縮、暴怒	安全、保護
5	受到背叛	憤怒、失望、頹喪	信任、真誠、正直、明瞭
6	受到奚落	恐懼、不安、畏縮	公正、接納、理解
7	受到霸凌	不安、孤獨、恐懼	安全、尊重、歸屬感、接納
8	受到束縛	煩悶、心煩	自律性、自由、選擇
9	受到欺騙	失望、委屈、憤怒	正直、公正、信任
10	不被需要	孤獨、悲傷、悵然	愛、認可、友情、紐帶關係

11	不受信任	絕望、委屈	真實、正直、信任
12	被貶低	悵然、憤怒、難為情	歸屬、紐帶關係、團體、參與
13	受到奚落	生氣、丟臉、無力	尊重、關懷、存在感
14	被打斷	心煩、不耐煩	尊重、關懷、理解、自律性
15	受到威脅	不安、恐懼、擔憂	安全、保護、自律性、選擇
16	受到誤解	不舒服、傷心、委屈	理解、明確性
17	受到打壓	無力、困惑	公平、正義、自律性、自由
18	受到剝削	生氣、疲累、挫折	尊重、關懷、休息、關愛
19	受到過度保護	厭煩、無力、煩人	認可、公平、尊重、相互性
20	受到挑釁	心煩、不耐煩	尊重、關懷
21	被施壓	悲傷、煩悶、頹喪	尊重、理解、認可
22	受到排斥	失望、畏縮、悵然	歸屬、親密、認可
23	受到誤解	憤怒、失望、擔憂	公正、正義、信任、關懷
24	被逼到絕境	恐懼、急切	從容、自由、自律性、真誠
25	被視為理所當然	悲傷、悵然、失望	感謝、認可、關懷
26	受到脅迫	害怕、恐懼、畏縮	安全、自律性、選擇
27	被踐踏、被蹂躪	無力、挫折	自信感、紐帶關係、團體、關懷、尊重
28	不受賞識	悲傷、孤獨、悲慘	愛、感謝、同理、紐帶關係、團體

29	無人支持	無力、悲傷、孤獨	支持、理解
30	被利用	不安、委屈、悲傷	自律性、公平、關懷、相互性
31	遭到侵犯	心煩、混亂	個人保護、安全、信任、從容、尊重
32	被不當對待	委屈、心煩、憤怒	尊重、正義、信任、安全、公平

連結對話練習

這次來區分看看曾在某種情況下所做的自動化思考、當時的情緒，以及成為情緒原因的核心需要。

這個練習可以獨自試試看，並且盡量多做。從前面的「想法—情緒感受—需要分類一覽表」表格一號至三十二號，一個一個回想自己的經驗，一格格移動。這個練習可以幫助我們清楚認識「自動化思考→情緒→核心需要」，不會把所有東西混為一談，迷糊度日，而是試著把自己的自動化思考、情緒和核心需要一個個分開、覺察與認識，開始理解自己。**這是把看向對方的視線轉而朝向自己內心的重要練習。**

規則

請看著前面的「想法─情緒感受─需要分類一覽表」（第一二七頁）進行。

說話時，聆聽的人請保持靜默與目光對視。

1 請將「自動化思考」的分類從上往下讀一遍，找到一個經常使用的詞彙，然後寫下來。

範例 被遺棄的想法

2 往下移動，在與想法區分開來的「情緒」分類，找到自己的情緒詞彙，然後寫下來。如果沒有的話，請參見「情緒感受分類一覽表」（第一〇七頁），統整寫下來即可。

範例 我感受到孤獨和不安的情緒。

3 再移到最下方的「成為情緒原因的核心需要」分類，找到自己認為重要的需求詞彙，然後寫下來。

範例 我認為照顧和關愛很重要。

4 與夥伴輪流，試試看以口語方式說明自己的自動化思考─情緒感受─需要。

範例 我小時候認為自己被父母遺棄，因為當時父母離婚了。

但那是想法，獨自一人時，我的情緒是孤獨又不安。

原因似乎是當時覺得我需要有人關愛和照顧。

這裡的範例寫得很簡單，如果各位願意詳細分享，一定可以更好好認識自己的內心。

理解彼此的提示：核心需要

對我來說，最困難的是尋找核心需要。一開始，我告訴老師：「我不想成為像爸爸一樣的人。」但老師說，那不是我的核心需要。我又說：「那麼，我不想再打女朋友。」老師說那也不是我的核心需要，我真的完全沒有頭緒，甚至想要放棄。但在一點一滴共同努力的過程中，我發現自己的需求是「理解」與「平和」。我有想被理解的需求，卻試圖用暴力來解決。想到自己好像一輩子都不曾被人理解，不禁流下淚來。我還想「平和」解決衝突，而不是使用暴力。在知道自己的需求之後，如果有其他能夠被理解的平和方法，我真的想要學習看看。

任何人都有需求與願望，即需要。其中，**「此時此地」目前各自需要的需求，稱為核心需要**。只要我們還活著，就一定有各自不同的需求。核心需要是此時此刻我們需要的，但也是會改變的。

如果說現在我們所需要的是「需求」，那麼更長期、更全面的決策判斷標準，可謂「價值」。生活中，在當下重要的需求與成為人生整體決定方針的價值之間，我們有時需要選擇方法和手段的智慧。

開發現實治療法（Reality Therapy）的精神醫學家威廉・葛拉瑟（William Glasser）❺表示，人類天生擁有基本需求，透過滿足需求的方式完成行為。因此，協助做出滿足個人基本需求的智慧選擇，成為改變的最終目標。所以，為了改變行為，探索需求是必要的。此外，對話包括言語和行為，理解此一需求是對話訓練中最重要的事。

我們做出某種行為，意味著存在核心需要。我們的一切行為，任何言行，都只是為了滿足自己的核心需要而顯露在外的表現而已。當我們清楚明白驅動自我的核心需要時，就會理解自己、理解對方。這會成為深入理解彼此的力量，也會發現自己與對方相互連結的事實。請參見左頁分類一覽表，並經常練習，找尋出自己與對方的需要。

❺威廉・葛拉瑟（William Glasser，一九二三～二〇一三），美國心理學家，創立了選擇理論及現實治療法，在傳統心理治療的三大支柱外建構另類的治療法。

需要分類一覽表（需要＝情緒的原因與生活的動力）

生存的需要：
身體、情緒、安全

空氣、飲食、水、居住、休息、睡眠、身體接觸（肌膚接觸）、性表現、身體安全、情緒安定、經濟安定、舒適、依附形成、自由動作、運動、健康、樂活、受到照顧、受到保護　權力的需求：成就、認可、自尊

權力的需要：
成就、認可、自尊

平等、秩序、協調、自信感、自我表現、自我信任、受到重視、能力、存在感、公正、公平、真誠、透明性、正直、真實、認可、一致、個性、熟練、專業性、自我尊重、正義、有意義

自由的需要：
獨立、自律性、選擇

生產、成長、創造性、療癒、選擇、承認、自由、自主（擁有自己的見解或思想）、自律性、獨立、獨處時間

隸屬的需要：
歸屬感、合作、愛

親密關係、紐帶關係、溝通、聯結、關懷、尊重、相互性、同理、理解、接納、支持、合作、協助、感謝、愛情、關心、友情、親近、分享、體恤、歸屬感、團體、相互依存、寬心、安心、慰勞、安慰、信任、確信、預測可能性、一貫性、參與、誠實、職責、責任、平和、從容、美麗、指導、成就、共享、彈性、照顧對方、保護對方

玩樂的需要：遊戲、學習

趣味、玩耍、自覺、挑戰、領悟、清楚、學習、刺激、發現

生活意義的需要：
靈性、人生禮讚

意義、人生禮讚（慶祝、哀悼）、愛、願景、夢想、希望、心靈交感、靈性、靈感、尊嚴、貢獻

※參考：威廉．葛拉瑟（William Glasser），現實治療法五大基本需求（生存、歸屬——愛、力量〔成就〕、自由、玩樂）；馬歇爾．盧森堡（Marshall B. Rosenberg）❻，非暴力溝通需要列表。

❻馬歇爾．盧森堡（Marshall B. Rosenberg，一九三四～二〇一五），美國心理學家，開發了非暴力溝通，以支持夥伴關係和解決人與人、人際關係和社會衝突。

連結對話練習

這次練習的目的在於傾聽不同需求和價值觀的生活故事，理解彼此的生活，開啟我們面對多樣性的心扉。

規則

說話時，聆聽的人請保持靜默與目光對視。

1 請參見「需要分類一覽表」（第一三三頁）。各自按照重要順序，靜靜寫下自己的三種價值觀。然後詳細分享為什麼該需求在生活中很重要。

範例 平和、貢獻、成長：說明之所以重要的理由。

2 請選擇兩個最近對自己特別重要的需求。然後說明為什麼。

範例 成長、經濟安定：說明最近需要的理由。

「只有我的方法才正確」的暴力

案例A

我打女朋友的時候，顯然當時只知道那個方法而已。也許有人認為那是藉口，但確實如此。我小時候認為做錯事就是要挨打，家裡氣氛就是這樣。做不好也總是挨打，一直以來都認為那是理所當然的。但現在，我知道這是錯的，那只是父親自以為正確的手段而已。我只要覺得女朋友好像背叛我，那想法感覺像真的一樣，所以認定女朋友錯了，所以做錯就該打，當這種想法愈來愈強烈時就出手打人了，如果對方承認自己做錯而求饒，就會得到原諒，但往往很快的，我又會因為其他事情動粗。應該是：只要沒有按照我認為正確的方法或行為去做，我就變得跟動物沒兩樣……

案例B

我對大兒子很嚴厲，因為老二非常可愛，所以我只會對老大大聲訓斥。我期待「如果是長子，就應該像大人般成熟，要有強烈的責任感。」因此，他得自己寫作業和做該做的事。如果做不到，就無法原諒。有一天，先生笑著說我像繼母，大兒子附和：「我也覺得媽媽好像不是我的親生媽媽。」讓我心裡痛苦不堪，難道我的想法和方法錯了嗎？

有需求就是活著的證據。只要能夠認清心中的需求，我們就能著手尋找滿足該需求的健康手段。但是為了滿足各自想要的需求而固守自認「正確」的「偏好手段」時，就會產生暴力、衝突。此時，偏好手段大多與自己的核心信念有深切關聯。起衝突的不是需求，而是發生在滿足需求的手段（方法）所致。

有時候，如果無法按照自己想要的方式滿足核心需要時，拋棄固有特定偏好手段的思維，或者專注於本質性的需求，便能發現明確合理解決問題的力量。

若要指導或幫助某人，首先要做的是了解自己的核心需要，誠實地理解自己。因為了解核心需要，正是讓我與對方真心改變的影響力量。此外，理解對方的方法，就是承認他也像我們一樣，為了滿足自己的需求而竭盡全力。

精神醫學家摩根．史考特．佩克（Morgan Scott Peck）❼曾經提及，情緒健康的人可以清楚認知到每個人自身需求滿足與否的責任在於自己，這一點就能夠區分出成熟的人和不成熟的人。

關於案例A學員的變化與結果，這裡需要另行補充說明：他接受對話訓練，與我一起深入探究自己的核心信念。我發現在他心裡有非常扭曲的「處罰、情緒剝奪感」兩種核心信念。過程中他一一發現自身核心信念的形成經驗，檢視在與他人的關係中，這類核心信念會在何時爆發。而與深刻反省無關的是，暴力行為無法一次就輕易改正，除了因為暴力的使用是從小開始，不僅是為了滿足自己的需求，用自己的標準來懲罰對方的行為也頗具效果。換句話說，使用暴力的結果令人滿意。

經過長時間的諮商，他終於明白自己過去是父母暴力下的受害者，而且暴力加害者的生活絕對不可能正當化。他停止自己曾經受虐，所以現在施虐某人的合理化。還有，他重新逐一學習不如意時的「合理解決方式」。去餐廳遇見不親切的服務員時（不親切的標準也是該學員的標準）、朋友拒絕相約時、母親來電告知生病時，在每一瞬間：

1停下來深呼吸；

2尋找自己的需求；

❼摩根．史考特．佩克（Morgan Scott Peck，一九三六～二〇〇五），美國精神科醫師。在一九八四年創辦了團體激勵文教基金會（Foundation for Community Encouragement），提供心理專業指導，協助無數的組織建立真誠共識。

3練習使用合理的行為方法。

經過艱辛努力，他終於看見自己的深沉悲傷，有一天大哭一場，表白自己多麼想成為另一個人，還有這個改變對自己來說有多麼困難。最後，他深刻反省，並向自己曾經施暴的弟弟、過去的女朋友真心道歉。

看著他，我發現處罰與責任固然重要，但真實的反省與改變的態度才是受害者所真心盼望的道歉。

事實上，我們認為向對方表達自己的需求會讓對方感到負擔和不舒服，而且當對方知道後，也會希望他能夠理解與滿足我們的期盼與願望。因此，在成長過程中我們從沒有過對彼此需求進行健康探索的訓練，也未曾經歷過表達需求的關係。而且我們對於自己的需求愈來愈遲鈍，難以明確認識到自己真正想要什麼，反而在生活中更加執著於應做的行為或手段。在未能意識到自身需求的情況下，被自認正確的手段所束縛時，暴力必然會從言行中表露出來。

連結對話練習

精神醫學家佩克曾說，情緒健康的人可以清楚認知到每個人自身需求滿足的責任在於自己，這一點能夠區分出成熟的人和不成熟的人。

規則

說話時，聆聽的人請保持靜默與目光對視。

1 小時候自己的需求獲得何等程度的容許或接納，請寫下來或與夥伴分享。

2 在生活中我們是否意識到滿足自身情緒與需求的責任在於自己？

平和與暴力態度的區別

覺察4 請求協助與強迫

不說，就無法得知的內心

我盡量不向任何人請求幫助，因為彼此都會不舒服。我在宗教團體從事社會福利的相關工作。那是非常耗費精神的職場，所以同事們都非常小心避免造成對方傷害。因此，小小的請託或請求都可能讓對方覺得麻煩，所以都會自己努力想辦法處理，儘管有時覺得自己一個人像傻瓜一樣團團轉，但就是不想去麻煩同事們，雖然知道有時請求協助是必要的，但並不容易。

強迫的關係確實會在彼此心中留下壓迫與抗拒。而且，我們都不想接受任何人的強迫行事。然而所謂的「請求」協助，則是合理達成心願的努力過程。

我們在日常生活中需要做「請求」的理由如下：

- 身而為人，隨時都可能變得脆弱，此時需要依靠他人。
- 我們的能力有限，需要他人幫助的情況隨時都會發生。

• 向人請求協助時，接受請求的對象會覺得自己獲得「有存在價值」的認可。

• 相互請求時，能夠滿足成長、信任、親密感、趣味的需求。

對自己坦率且擁有健康自我的人，會認為向他人請求與求助是更加親近對方的機會。但即使知道需要某人的幫忙或協助，我們還是會對提出請求感到猶豫，因此**經常發生未向對方求助，反而希望對方能看出自己需要幫忙，甚至對方未主動協助，就會加以指責，進而斷絕彼此關係。**

雖然未提出請求的諸多理由是考量到心理和社會成本：

就請求者的立場：

• 遭拒絕時會承受心理痛苦。

• 感到抱歉時心裡會在意。

• 要承受看起來無能或自尊心受傷等事情。

就被請求者的立場：

• 可能得中斷自己的工作。

• 在接受請求的過程中可能會感到麻煩和不便。

• 有時可能會因為無法被說服而心煩、生氣。

• 由於請求者的態度而可能經歷心裡受傷的過程。

有時這類成本是可能的，所以要向任何人提出請求時，需要有跨越預期結果的勇氣。但值得相信的是，鼓起勇氣的結果，有時也會出現更緊密的關係、不同於最初預想的滿意結果。

如果我們記得自己曾經不計實際利益而想要幫忙的心意與行為，以及對於結果感到幸福滿足的樣貌，相信對方也會有同樣的感受。因此為了與他人一起生活，我們必須學習健康的「請求」方式。

請求與強迫的差別：樂意、勉強

太太好像總是不理會我的請求。所以，從某一天開始，我就不說話了，非得說話的時候，就會不自覺地以防禦式口吻開口。某天，我先向太太說：「到底要我說多少遍？」然後試圖拜託她某件事。其實不是拜託，而是強迫。不過，太太告訴我：「這是你第一次說啊！」仔細想想才發現，當時我只是自己在心裡反覆思考那個問題，真正用言語表達出來則是第一次。因為在心裡想過太多次，就自以為曾經跟太太說過。自己不曾開口，卻埋怨起太太，我終於知道自己說的話是多麼愚蠢了。後來太太離家出走了，現在回想起自己說的話，心裡有很多的懊悔，但最後悔的就是沒有向太太表達出內心的想法，忍著不提出請求。忍著、忍著，說出來的話似乎全都成了強迫和指責。

看到這個案例，有人可能會覺得「這分明就是在說我。」我們並非在無人島子然一身獨自生活，自然會在生活中向某人提出請求，有時也會接受他人的請求，然而，許多人都覺得「請求」很難開口。

在沒有適當提出請求時，處理問題的主要方式如下：

- 獨自一人勉強努力。
- 放棄或拖延時間找藉口。
- 內心不安而感到鬱悶、孤獨。
- 向對方提出強迫的要求，推卸責任。
- 心裡討厭對方、埋怨對方。

此時的核心信念和自動化思考則是什麼呢？

「沒有人能理解我的痛苦。這世界很自私，人心冷漠。」

「說也沒用，我就不說了。」

「如果我不這麼做，他動也不動。」

在必須共同解決問題的矛盾情況下，請求就更顯得複雜。如果無法提出適當的請求，我們便會運用自己擁有的「力量」，或者屈服於對方的「力量」。**強迫主要是在自己有力量且相信「我是對的」的時候形成。**

例如，與子女有衝突時，父母往往不是向子女「請求」，而是拿出自己擁有的力量，強壓子女往自己想要的方向走。或者，在夫妻關係中，無法向對方提出必要的「請求」時，夫妻間會發生一方持續向另一方屈服的情況，或者反向持續強迫對方的情況。

強迫不僅是強迫者沒有理解到自己的需求，也是絕對不允許對方拒絕的強烈意志表現。反之，**請求則是請求者將自己的需求表露出來，即使面對拒絕依然持開放態度的表現。**

拒絕請求的對方相信自己會遭到我們指責或受到處罰，或者請求者認為自己的請求不被接受就攻擊或指責，那就是「強迫」。我們經常認為自己是向對方請求協助，但實際上是強迫對方。溫柔說話不一定就是請求，大聲命令也不全然是強迫。因為有時候，那種能量是隱藏不外露的。

不過，這兩者還是有著明顯差異。**在對方拒絕時，即便會使對方感到羞愧、恐懼或有罪惡感，也非得完成自己心願的狠勁，這種暴力式能量正是強迫與請求的核心差異。**

	認識需求	接受拒絕
請求	○	○
強迫	×	×

請求與強迫的變數：我們的關係

心理學家亨利．塔伊費爾（Henri Tajfel）❽透過左表，藉以我們團體（ingroup）和別人團體（outgroup）的概念來告訴我們何時處於合作，何時處於競爭。首先，從一個個問題來掌握自己的性向，然後了解其含義。

塔伊費爾矩陣

	你	我
①	1	7
②	3	8
③	5	9
④	7	10
⑤	9	11
⑥	11	12
⑦	13	13
⑧	15	14
⑨	17	15
⑩	19	16
⑪	21	17

❽亨利．塔伊費爾（Henri Tajfel，一九一九～一九八二），波蘭的社會心理學家，以其在偏見和社會認同理論的認知方面的開創性工作而聞名，同時還是歐洲實驗性社會心理學協會的創始人之一。

練習

透過我們的選擇來看關係，重新思考請求與強迫。

（情況）各位負責非常重要的計畫，也和夥伴一起完成，成果斐然。而該計畫所獲得的獎勵（如金錢、食物等）需與夥伴分享（非按比例，而是以數量來分）。分享個數的權限在你手中，你可以任意選擇。例如，如果我想拿十一個，給夥伴九個，可以選擇⑤號。

1 如果夥伴是你心愛又感謝的人，你會選擇幾號呢？

2 如果夥伴是你討厭又處不來的人呢？

3 如果夥伴是自己現在需要的人呢？

4 與旁邊的人分享各個號碼，詳細說明選擇該號碼的理由。

在這個表左方的圓圈編號中，

從⑧號往⑪號去，可視為「我們」一國的；從⑥號往①號去，可視為「他們」那群的。

一般來說，做選擇是根據以下三種價值判斷：

- 選擇⑦號，對方與我拿走的個數一樣是十三比十三。

如果價值判斷是藉此表現我們**對公平、公正的重視**，可能傾向於選擇⑦號。如果是有著利害關係的情形，多傾向於選擇⑦號。

● 但愈往⑪號去，我們的選擇標準變得不同。

給對方比給自己多。由此可以知道，比起公正、公平，我們更**重視對彼此的團體意識、信任或愛的價值**。這種傾向主要是家人，其中以父母和子女尤為強烈。

● 最後是①號。我拿七個，對手拿一個。

事實上，單從我自己來看，最大值是十七個，最小值是七個。如果寧願選擇自己的最小值也要選擇①號，因為對方拿走的數量為最少。這個傾向是**以比較與競爭價值為重**。也就是說，此時腦中浮現的想法大多是「不想讓你拿走」或「我一定要比你拿更多。」

雖然這是最傻的選擇，還是很多人選這個號碼。想到誰會做這種選擇呢？正是討厭的人。不過，即使選擇⑦號，「公平」也未必是真正的原因。或許是不想成為敵人而做的選擇，也可能是對討厭的人抱著以德報怨的精神選擇⑦號，甚至也有人為求公正而選擇未滿⑦的號碼。

三種價值判斷只是普遍標準，從每個人的關係與選擇來看，可以知道主觀判斷形形色色。號碼固然重要，但選擇號碼的動機或意圖更重要。原因在於從中可以看出彼此的關係。

連結對話練習

規則

請參考前面的表格（第一四五頁）進行。

說話時，聆聽的人請保持靜默與目光對視。

1 如果討厭的人比你更有權力（如主管、父母），他提出請求時，你會覺得他的話聽起來是請求，還是強迫？

2 如果討厭的人比你更有權力，拒絕他的請求容易嗎？如果覺得困難，請談一談在你腦中掠過的想法。

3 如果無法拒絕，只能接受，你的心情如何？

4 反之，如果對方是感謝又心愛的人，你會以怎樣的心情接受請求呢？

認識自我

在心中跟自己對話

我從來沒有喊過媽媽。小時候父母離異，我連媽媽的面貌都不記得。雖然不曾當面叫過一次媽媽，但覺得難受時在心裡喊著「媽媽」，似乎能得到一點慰藉。

年紀都這麼大了，「媽媽」一詞……還是可以帶給我莫大力量。我沒跟任何人提過想念媽媽，每次都只能忍住眼淚。可能就因為這樣，我幾乎不太流眼淚，但當兒子第一次發音準確地向太太叫出「媽媽」的那天，我的眼淚突然爆發，一個人跑到洗手間大哭一場。雖然自己也驚慌失措，無法解釋，總之，那天我就像瘋了似地狂哭。看起來似乎很傻，但從父母離婚到現在，我還是無法釋懷。回想起來，原來我在生活中說過了無數謊言，尤其為了裝沒事……虛情假意的習慣性笑容與話語……

一名學員的告白道出了我小時候在離婚家庭長大的痛苦，也喚醒了我身為歷經離婚的父母的苦痛。四十歲出頭的男性，在洗手間為思念媽媽而嚎啕大哭，這份告白流露的痛苦可以讓人想像他在過去數十年間的生活。看到他從洗手間出來之後，沒有與妻子和家人坦率訴說為何哭泣，就會想到要進行真誠對話，有時是多麼困難的一件事。在此之前，我們不妨先來想想要如何與自己進行內在對話。

自己的行為是否過激？是不是應該裝作沒事？假裝自己好好的是不是就能讓周圍的人安心？精神科醫生**伊麗莎白・庫伯勒－羅斯（Elizsabeth Kübler-Ross）**[9]**說，要學習接觸自己內心的靜默，並且認知到人生中所有發生的一切皆有其目的**。她在自己生命末期指出，人們以為她是死亡專家，其實是錯的，她只是關心自己的生活而已，因為關心如何生活才有意義。

對話在思考死亡時會變得最清晰。偶爾暫時停下來，在心裡想一想。「如果今天我會死，還會向心愛的子女說這句話嗎？」如果是為了教導正確的事而必須說的話，想想看「應該怎麼教呢？」比起說：「你怎麼這麼笨？是故意聽不懂吧？」更好的說法是：「媽媽再教你一次怎麼做。這很重要，所以要仔細聽好。你跟媽媽重複說一遍。做得很好啊！」我寧願反覆多說幾次，也不要說出指責或貶低人格的話語。

若想要好好地對話，每一瞬間都要謹記，我們不知何時會離開這片土地或死亡，未來人生莫

不可測。

為了做到這樣，第一，正如德國哲學思想家馬丁・海德格（Martin Heidegger）❿所說，倒轉時間，試著想像死亡迫在眉睫的訓練有其必要。

第二，每一瞬間暫時靜默，進行內心對話的練習也是必要的。這樣做，可以讓我們選擇自己的言行。

先前，為了真正面對對方，我們做了覺察訓練，簡要學習了見如所見、聞如所聞的觀察，從內在體察感覺與情緒的信號，在情緒基礎上發現隱藏的需求，以及表露自身需求的正能量請託（後面的第四章將再會進行「請託」的技術與方法練習）。

現在我們來練習目前學到的東西，就是所謂的「靜默對話（認識自我的過程）」。

有時候，我們的對話會像噪音一樣。對話的結果充滿不願意聽到的話，不明白對方想說什麼，不知道該如何聆聽，彼此各說各的就結束了。然而，**深深嘆一口氣、凝望遠方的視線、一滴**

❾伊麗莎白・庫伯勒－羅斯（Elizsabeth Kübler-Ross，一九二六～二〇〇四），美籍瑞士裔的精神科醫生，是瀕臨死亡研究的先驅，也是暢銷書《論生死與臨終》（On death and Dying）的作者。

❿馬丁・海德格（Martin Heidegger，一八八九～一九七六），德國哲學家，在現象學、存在主義、解構主義、詮釋學、後現代主義、政治理論、心理學及神學有舉足輕重的影響。

眼淚、溫柔的微笑，全都是對話。在對話的教學過程中，我學到所謂最好的對話，大部分是在深沉的靜默中達成。

練習靜默對話的理由有二：

1比起暴露在現實中的對話，內心完成的靜默對話更坦率、更安全。

2在刺激與反應之間的空間裡，可以提供做出清楚對話的準備時間。

如果我們的心靈空間無法確保會選擇說什麼、選擇聽什麼，外在的言行就會被習慣性的方式壓著。而擺脫阻斷對話的有效方法，就是先在內心練習靜默對話。若有與某人必須連結或斷絕連結的情況下，這項練習肯定大有助益。

靜默對話的方法如下：

- 「我看到的、聽到的是什麼？」——觀察刺激

關於看到什麼、聽到什麼的重新觀察，目的是以客觀化的眼光查看想法、對方和事物，得以不歪曲地按照原貌描寫。能夠如此觀察時，便可恢復平心靜氣的狀態，然後在對話中減少失誤。

- 「現在我心裡的感受為何？」——情緒的信號

我們往往會在意識和處理情緒之前，就先情緒性地做出行為與反應。情緒像是暴露我們內心

狀態的信號，只要好好覺察信號，便能認識與表達細膩的情緒，知道對方和自己真正想要什麼。

● 「對我來說，重要的是什麼？」——探索核心需要

如果能夠發現情緒的原因，即核心需要，我們將更能表達想要的需求，而非心不甘情不願的言語。此外，還可以思考滿足需求的多樣化創意方式，藉以達成連結。

● 「準備好說出自己想要什麼嗎？」——請求的表達

向對方提出請求之前，我們必須明確整理好內心想要什麼、向對方請求什麼。因為提出請求是需要跨越負擔感與恐懼的勇氣。此處的勇氣，就是儘管有恐懼感，仍認知到人生價值與需要時會產生的健康力量，還有就是不強迫的意志。

內在對話順利，外在對話也順利

目前為止，我們學習且練習了將平時說的話與某想法連結，再以言行表現。

有意識的言行執行起來可能不容易，也可能會因為某人而感到混亂與委屈。不過，在此過程中，成長和結果的喜悅最終讓我的人生豐富盈滿。

對於連結模式的理解

若要將想法和言行與對方連結，就必須好好理解內在對話的過程，改變各個階段的認知。繼認識自我階段的內在對話之後，與他人的外在對話也能順利完成，其過程如下：

1**「我做出這樣的判斷時，看到或聽到的是這個啊。」**腦中出現有關如何判斷的習慣性想法時，我們會有意識地練習觀察。

2**「我在做這樣的解讀，我現在是這種情緒啊。」**即使在觀察，一開始也會忙著解讀。此時，察覺到自己的解讀與想法，並把認知轉移到自己的情緒上。

3**「我想歸咎於誰？我認為重要的需求為何？」**當我們感到特別不舒服的情緒時，會習慣性想找出不舒服的原因。這是尋求解決的習慣性方法。

4**「現在我想指責對方，但實際上我究竟想說什麼、想做什麼？」**如果相信問題是對方所致，解決問題的習慣方式是指責對方或出言數落。

請參見左圖，更能清楚理解這四個階段：

認識自我的過程（SAP， Self Awareness Process）四階段

	判斷		觀察
1	判斷		觀察
	關於對方的判斷	→	「我看到和聽到的是什麼？」
2	解讀		情緒
	關於情況、關於對方的解讀	→	「我心裡感受到的是什麼？」
3	對方		需求
	「是因為誰的緣故？」	→	「是因為什麼的緣故？」 ——對我而言，重要的是什麼？
4	強迫		請求
	「現在我在指責和強迫嗎？」	→	「我現在要說的是心裡希望的嗎？」

—連結對話練習—

我們來練習前面學到的「覺察——認識自我階段」。

用手移到想法（額頭）→觀察（眼睛、耳朵）→情緒（胸部）→需求（腹部）→請求（嘴唇）練習即可。

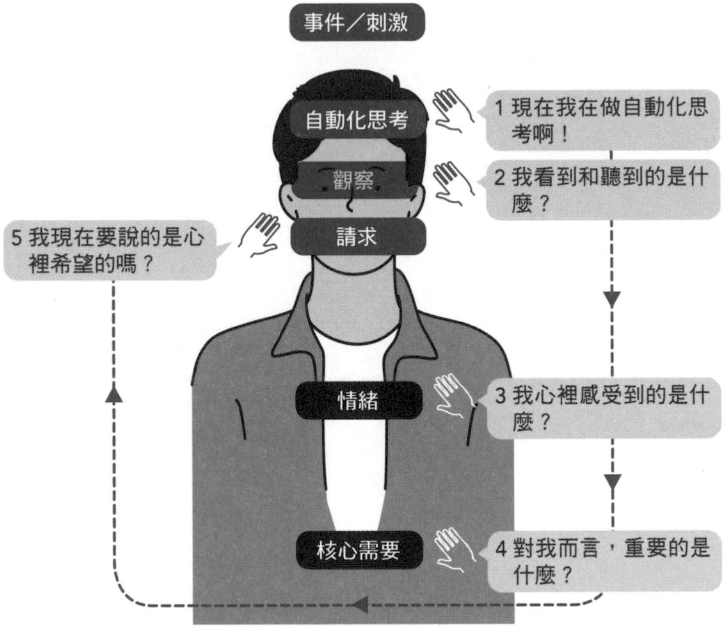

情緒的原因：需求的緣故 vs 某人的緣故

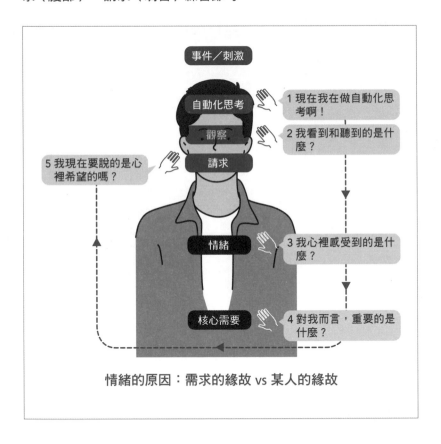

連結對話練習

規則

與夥伴輪流，每小組一一練習靜默對話。

1 回想一個最近生活中發生的事件。

2 回想一個曾經逃避、碰撞爭吵或無言僵持的事件，或者一個與子女、配偶、朋友、父母、家人等一定會想與之連結者的相關事件。

①說說看當時腦中浮現的所有自動化思考。

↓手貼在額頭上。

②盡可能具體說說看當時事件的所見所聞。

↓手放在眼睛和耳朵上。

③回想看看自己的情緒。

↓手貼在胸前。

——現在是什麼心情？

④識別情緒信號說明的核心需要。

↓手放在腹部上。

——重要的是什麼？

——對我來說，那意味著什麼？

⑤說說看蘊含自己需求的最終期盼，也就是究竟我想要的是什麼。

↓手貼在嘴唇上。

Chapter 3

回應對方話語的聆聽練習

◆ 同理

◆ 理解

◆ 解讀

同理

以感同身受的心態傾聽人們說的話

不摻雜個人解讀地傾聽

協助對方覺察自己的想法，

理解自己的情緒感受，發現自己的需要，

這就是對話中同理聆聽的目標。

送姐姐去另一個世界的時候，聽到好朋友說：「至少比送別子女或父母還好吧？隨著時間過去就沒事了。」我的悲傷似乎全部化為對他的厭惡，再也不想見到他。早在十年前，膝下無子的我開始養貓時，這個朋友也曾說過：「沒有孩子，可以養貓之類的動物，輕鬆多了。」突然間他說的話全成了我巨大的創傷，連同過去的雞毛蒜皮小事都想起來了，心裡怨憤不已。

原本以為我的同理能力比他好很多，但在進行對話練習的過程中，發現自己其實也跟他差不多。**區分何時需要建議、何時需要沉默，真的很難。只是靜靜聽人說話，為什麼這麼沉悶又困**

> **難。總覺得好像該說點什麼，腦子裡一個接一個的想法浮現，揮之不去，一邊想著這些，一邊還要聽對方說話，這真的很難啊。**活到這把年紀，似乎說了很多話。不管對方是否想聽，就逕自判斷對方需要自己說的話。進行聆聽練習時，我才知道自己的不足，或許……那個好朋友也可能認為自己得說一些能安慰我、使我安心的話。

所謂聆聽，確實是理解他人的最棒方法之一。在幸福美好的關係中，說話直率的人與善於傾聽的人是同時存在的。用內心傾聽任何人說話時，無形但真實存在的友情和愛意會自然滋長，而只有在抱持著好奇心與同理態度時才可能擁有看見這些隱藏在內心的能力。

在我看來，不曾完全被人接受，以及說的話沒有獲得充分得傾聽，兩者背後的意思是一樣的。進行創傷諮商或對話練習時，偶爾我也有聽不進對方話語的時候。很神奇的是，這時對方彷佛也能感知到，有時會看我的眼色而停頓下來，有時會問我是否還好。但是，當我專心傾聽對方的話語，努力理解對方內心時，對方往往會只因為我的努力就深深致謝。我的意思是，其實我也沒有特別幫上什麼忙。當然，只是靜靜傾聽，一切內心擔憂與現實問題也不會因此而得到解決。

不過，回想一下日常生活的許多事情，儘管最後大部分隨著時間都解決了，但心裡依然留有不愉快的情緒感受，由此可知，問題的解決與內心的平和，並非總是成正比的。

或許，傾聽比解決問題更重要、更深層。雖然只是片刻，但傾聽時的內心會全然接受對方的存在，努力全神貫注在對方話語中隱藏的個人情緒感受與需要上。傾聽與同意截然不同。光是接受與理解對方的想法、情緒和需要，就是積極參與的表現。把我的意識帶到對方的意識世界佇留，這股聚精會神的努力，就是聆聽的態度與技術。

我單獨一個人的時候，經常會祈禱。在某一瞬間，我突然有個想法，究竟神與我之間是否存在著「聆聽」。我當時想：「祈禱難道只是一味高聲喊著我的想法、我的需求嗎？」閉上眼睛，雙手合十，好像就得說些什麼。為某人祈禱時，也是話一停下來或語塞，就會變得倉皇失措，總覺得不管說點什麼都好。有一回，在進行「非聆聽式祈禱」的過程中，我停止聒噪說話，閉上眼睛，靜靜待著。其實，祈禱可以用「我願聆聽」的態度，而非「祈求恩賜」的方式。直到這句話沁入心扉，我才明白自己那段時間的祈禱是多麼吵雜煩耳。

人際關係也是一樣。人們不想聆聽彼此，只想跟對方說出自己想說的話。現今人類社會的諸多問題，顯然都是「未能好好聆聽」所致。政治、社會犯罪、團體間的衝突、家庭傷痛，各種情況都從輕忽對方所說的話以及不願傾聽的態度開始。

所以我們先暫停探討口才話術，練習在靜默中理解對方的話語和意圖，正確加以解讀。只要好好聆聽，很多事情都能成為解決的基礎。從現在開始，我們一起來進行聆聽練習。

同理聆聽 VS 慣性聆聽

當你聽到朋友說這樣的話，會如何反應呢？

「他們好像在孤立我，在利用我。」

我們經常會做的慣性聆聽可分為以下八種，而這些方式都不是應該完全專注於對方內心的「同理聆聽」。

1 隨聲附和

「那些傢伙真的很壞。以後應該會更囂張吧？」

「是你才忍得下來，如果是我，絕不會放過他們。」

這個方法常常被誤以為是同理聆聽的形態。然而，傾聽時隨聲附和，很容易導致當事人更加厭惡彼此，陷入負面的判斷中。「他們真的很壞」做出如此反應時，聽見這句話的當事人或許會想：「我想的沒錯！他們都是壞人。」因而降低與對方和解或原諒對方的可能性，厭惡的心情反而增強，持續滿腔憤怒，內心備受煎熬。隨聲附和的認同，可能會暫時給予對方力量，但對方最終會困在自己的想法裡，為彼此帶來更多的不愉快，從這個層面來看，它並不符合同理聆聽。這不是同理，而是攜手一起樹敵吧！

2 同情

「你一定吃了很多苦吧？好可憐！」

「你也太慘了吧！」

這個方法明顯與對方保持距離，同時也情緒性地傳達了自己對於對方的判斷。表達的不是理解對方痛苦的努力，而是從個人立場認為對方悽慘可憐的心態。這種反應會讓對方產生被同情的感覺。有時候聽見此話的人會變得更憔悴、更悲慘，不僅沒有理解到自己的情緒與需要，反而陷入自認可憐的（所謂）認知扭曲。對他人的惻隱之心和同情心當然是美好的品德，但我認為，這與一邊推測對方的情緒感受與需要，一邊嘗試理解的同理聆聽並不同。

3 阻斷情緒

「為什麼會有那種負面情緒？」

「不能那樣想。」

這個方式與壓抑情緒且試圖理性判斷的核心信念有關，忽略了我們是能夠感受情緒的人類。如果從小得不到情緒同理，讓流露情緒感受成為禁忌，這個反應就會習以為常般地出現。靜靜傾聽當事人身處痛苦的淚水與情緒反應，這個過程是同理的必要元素。如果加以阻斷，當事人會無法包容自己，落入解決問題的機械式方法，或者以壓抑情緒的迴避方式來適應。

4 轉換想法

「你在說什麼啊？在我看來根本是誤會一場啦！」

「他們也是好人，不可能利用你啦！」

改變想法，確實是有效改變行動的高明策略，但這與認識理解情緒和需要的同理聆聽有所區別。原因在於，覺察想法與改變想法是截然不同的觀點。如果有人總是想要改變自己的想法，有時反而會讓人更加堅信自己的想法和判斷。這是所謂的選擇支持偏誤（choice-supportive bias）。

結果反而成為使人繼續停留在負面想法中的推手。例如，若是向懷疑自己被疏遠和利用的朋友說道：「他們也是好人，不可能利用你。」朋友可能會想：「不對！他們以前也曾經整過我、欺負我啊！」結果，這只是從某種想法轉移到另一種想法，無法化為深刻認識自身情緒感受與需要的過程。

因此，改變想法的過程有時確實有用，但用強迫他人的方式，不僅無法輕易改變想法，顯然也不是同理聆聽的過程。

5分析

「從什麼時候開始有這種感覺？原因是什麼？」

「你衝動，他固執，你們兩個人根本就不對盤。」

分析加上建議，對於解決問題很有幫助，而這也是想要同理聆聽時必須區別的要素。分析適合用來釐清原因和結果，進而解決問題，因此，有豐富經驗的人為自己分析時，確實具有正面效果。然而，如果人際關係停留在分析對方的言行，最終可能會困在「行為對錯、人好人壞」的思考中，陷入用二分法識人的判斷扭曲。

6 建議

「就只是個性不同而已，互相尊重不就沒事了。」

「不要誤會了，在我看來……」

當我們顯然比對方更具經驗、知道更多好方法時，建議會成為非常有用的溝通工具。但是對方還必須願意聆聽，建議才會有效。想要聽取建議的說話者通常會發出信號：「我真的不知道。如果是你，會怎麼做呢？」或者，在聆聽過程中，聽話者可以先詢問：「剛才聽你說，我突然想起以前也有過這種經驗，你想聽聽我的做法嗎？」建議可能有效，但與同理聆聽的過程還是有所區別。

7 談論自己

「我的同學更倒楣，每次見面都聽他在訴苦。」

「仔細想想也不是什麼特別的事，但對我的成長確實有些所幫助。」

在聆聽上，這種方式最不具效果，因為對話的觀點完全從對方轉向自己。既然要同理聆聽，我們的意識就應該專注在對方的想法、對方的情緒、對方的需要和對方盼望的行為上。然而，談論自己，意味著不再聆聽對方說的話，只講自己想要說的話，這是最以自我為中心的聆聽方式。

8打斷話

「好了好了！喝酒吧！」

「不要再拉拉雜雜得說個沒完。」

完全無需解釋，這種聆聽方式直接就表現出「我不想再聽你說了。」當然不會是同理聆聽。不過奇妙的是許多人這麼做的時候，都誤以為自己已經充分聆聽對方說的話，連我自己都有可能掉進這種陷阱裡。對方當然不會認為自己被理解，還可能會討厭聆聽的人。如果家人或親近的人之間，反覆用這種方式聆聽，只會徒增對彼此的遺憾，內心築起高牆，漸漸形成不願意互相對話的關係。

像這樣，我們向來以為是同理對方的要素，其實並不是同理聆聽的方法。然而，這些慣性聆聽的反應並非完全不好，有時候，建議或分析是解決問題的重要因素，比同理聆聽更優先適用。只是**請務必明白一點，同理聆聽過程的練習與我們慣性聆聽的反應，兩者是需要加以區分的。**還有，進行慣性聆聽時，應該要觀察其產生的結果（我們的關係會變得如何）。

慣性聆聽方式「NOT」Empathy（沒有同理）產生的結果

①隨聲附和	衝突加深或形成派系
②同情	可能只會陷入情緒感受和想法中
③阻斷情緒	情緒受壓抑和無法包容自己
④轉換想法	強制時可能產生抗拒感
⑤分析	同理反映後有助於解決問題
⑥建議	希望對方聆聽也許有所幫助
⑦談論自己	從對方的觀點移至自己的觀點
⑧打斷話	對方喪失說話的機會

連結對話練習

規則

輪流分享自己的意見與經驗。

練習A

1 前文的慣性聆聽方式，你經常使用幾號方式呢？而且你想起誰了呢？

2 傾聽某人說話時，你時常使用何種聆聽方式，請分享一下經驗。

練習B

閱讀以下例句，請寫下該情況下習慣性想到的對話反應。然後分享一下，究竟那是同理反應，還是其他不同的方式。

1「媽媽，我在學校真的很辛苦。上課變得很沒有意義，有時候實在不想活了。」（如果你是聽見國中三年級女兒如此表白的媽媽。）

2「為了進入大企業工作，我犧牲了所有的大學生活。但，這不是我嚮往的職場生活。

我不是為了這樣才進公司上班的。」（如果你是聽見進公司居滿一年新進職員如此表白的朋友。）

3「在火車上，我突然喘不過氣來，覺得自己快死了。我的工作經常需要出差到處跑，很難跟老闆說不想出差。」（如果你是聽見四十多歲丈夫說這番話的妻子。）

4「如果我放任孩子，人們就會說是因為沒有爸爸教才會這樣，所以我必須嚴苛地教養他。」（如果你是聽見獨自撫養六歲兒子的單親媽媽說這番話的職場前輩。）

拋棄自己想法，盛載對方心緒

「你是否曾經和某人長時間對話後有『被療癒』的感覺？曾經與某人建立起特別的關係，也找回喜歡的自己？若有，那是在可信賴的情況下，兩人之間產生的相互作用。也或許是對方未做任何判斷，全神貫注傾聽你說話之故。」

卡爾・羅傑斯（Carl Rogers）❶

❶卡爾・羅傑斯（Carl Rogers，一九〇二～一九八七），二十世紀美國心理學家，人本主義的創始者之一。首創非指導性治療，強調人具備自我調整以恢復心理健康的能力。

首先，兩人一組，進行簡短的練習。

若是一個人練習，請於傾聽某人說話時，同時在心中默想：「按照程序來練習」，然後依以下步驟進行即可。

「聆聽練習——抱持好奇心的靜默傾聽」一對一練習

「請說說看小時候印象最深刻的經驗。」

1 說話者述說腦中自然浮現的事件與記憶，計時五分鐘左右。

2 聆聽者請保持靜默，在傾聽的同時，努力記住對方說的話。

3 說話者說完時，請說：「全部說完了。」

4 聆聽者盡量如實複述自己聽到的話，說完後確認問道：「我聽到的正確嗎？」

5 請說話者確認聆聽者是否正確聆聽且照實說出。若是他如實複述，請告訴聆聽者：

「謝謝你用心傾聽。」

你試過了嗎？如果做過這種對話訓練，就會發現「扮演聆聽者角色時，根本沒有多餘的腦袋可以有其他想法」。光是為了記住對方現在在說什麼，就必須耗費心思，更何況還要努力記住原詞原句。

像這樣，我們每個人都有能夠同理對方的能力。**同理是在「此時此地」，有意識地全心與對方待在一起。**同理是用陌生的眼光觀看熟悉的事物，抱持好奇心聆聽對方的話語，在對方述說的當下陪伴對方。透過練習，我們經歷過這段抽象艱深的文字。只要有意識地努力，就能與對方待在一起。

同理還包括見如所見，聞如所聞的觀察過程。聆聽對方話語時，腦中可能會浮現自己的「判斷和想法」。此時，只要意識到「我是因為聆聽他的話而有這種想法的」，再重新專注於對方的話語，反覆練習即可。

像這樣懷著好奇心，保持靜默，聆聽對方說話，其實並不容易。原因在於，我們往往在好好聆聽之前，就自以為很了解對方，耗費更多精力在判斷與解決問題上。這是因為在目前這種高壓環境下使人失去同理能力所致。此外，當說話者的話語拉長時，多次聆聽也容易使注意力更加渙散。進行同理相關深度研究的英國哲學家羅曼．柯茲納里奇（Roman Krznaric）❷在《同理心優勢》（Empathy: A Handbook for Revolution）❸一書中明確指出，我們的個人偏見、無條件服從權威、心理與身體的距離、迴避和拒絕，都是使我們遠離同理的原因。

同理聆聽：多虧對方才能理解我的內心

同理聆聽最有用的功能，就是在我們的「關係帳戶」中一點一滴累積「好感與感謝」的資糧。人們總是喜歡聆聽自己說話的人。即使不同意我說的話也不做判斷，只是靜靜傾聽，應該沒有人會討厭這樣的人（但是想不起這類經驗的人則非常多）。我們為何會如此喜歡傾聽自己說話的人呢？

1 透過同理，發現彼此不一樣並非壞事，彼此擁有不同需求與價值的人得以相互連結。
2 獲得同理的經驗使人情緒平靜穩定，讓人恢復得以沉浸在想要行動的能力。
3 獲得同理的話，可以更看透自己的內心。
4 得到同理的話，對他人的同理能力也會提升。
5 接受同理的話，恐懼感消失，生活中更添趣味與活力。

當然，在團體或組織等地方，我的權威比對方弱時，可能不太方便使用言語表達同理。此時，藉由靜默同理對方也是有效的。我們在靜默同理之後產生的態度變化，很多時候會讓對方感受到溫暖。

練習

1 曾經有人全心全意傾聽你說話嗎？請分享一下當時的經驗。

2 然後分享一下自己對於傾聽你說話的那個人，心裡有何感受。（聽話的人請保持靜默傾聽。）

同理聆聽的順序：話語→情緒→需要→計畫

為了進行同理聆聽（Radical Listening），首先要具備以下認知：

❷ 羅曼・柯茲納里奇（Roman Krznaric），出生於澳洲的英國公共哲學家，其著作側重於思想改變社會的力量。《觀察家報》將他命名為英國當代最著名的大眾哲學家之一。

❸ 中文版書名為《同理心優勢：6個習慣，讓你擁有脫穎而出的溫柔競爭力》，先覺出版社二〇一四年出版。

「我會保持靜默，
對於對方說的話懷有好奇心，
比做判斷更重要的是，
我會如實觀察和傾聽對方的話語。」

有了這樣的認知後，在聆聽對方說話時，可按照以下四個步驟試試看：

同理的反映與聆聽

聆聽說話者的話語↓聆聽說話者的情緒↓聆聽說話者的核心需要↓詢問希望獲得的計畫

——反映．摘要．確認

1 聆聽說話者的話語：反映．摘要．確認

聆聽話語，是我們表現出專注於說話者言語的態度。而且，說話者再次如實（或摘要）聽到自己說過的話，可做自我整理。「啊，原來我剛剛這樣說啊。」再對事件和故事進行整理。透過這個過程，有時也能區分自己的想法與觀察。

對方藐視我。——想法

↓您說藐視，可以具體說一下發生什麼事嗎？——反映話語與確認

↓就對方不看我啊！我都已經先跟他打招呼了。——用觀察表達

↓啊，您打了招呼，對方卻不看您的意思。對嗎？

2 聆聽說話者的情緒感受

聆聽情緒感受，這說法很奇怪吧？聆聽說話者的情緒感受，就是試著推測對方現在是處在什麼情緒中。過程中，我們推測的情緒有時對，有時錯，但這並不是要正確猜出說話者情緒的遊戲，而是意味著努力想像對方的情緒。即使我們猜想的情緒錯誤，說話者也能認知到自己的感受。只要能夠幫助對方擺脫個人想法或感受到自己的情緒，這樣就夠了。

想到對方就心情不好。

↓有點惆悵，覺得難為情嗎？——聆聽情緒感受

↓對，覺得惆悵，但不會難為情。

↓啊，只是覺得惆悵。

3 聆聽說話者的核心需要

聆聽說話者的核心需要，就是努力從說話者想起對方時的想法聽出需要。因為說話者所感受到的情緒，原因不在對方身上，而是與說話者的需要有關。在發現這一點之前，說話者很有可能陷入對於對方的判斷或指責中。

他是個**自私自利的人**，眼中只有自己。——想法

↓您想得到他的**關心**嗎？——聽出核心需要

↓對，就是這樣沒錯。

這個過程非常重要，因為它能讓當事人擺脫對於對方的指責或想法，發現真正想說的話的背後理由。自己想得到關懷，但沒能得到，才把對方視為自私自利的人，光是知道這樣，就能更清楚理解自己。

4 詢問希望獲得的計畫

發現自己的需要後，就能具體分享希望獲得什麼樣的行為、言語或情況，也就是說要進行這方面的探索。有關這部分我們會在後面的第四章再來練習處理。

同理聆聽：聽出情緒感受和需要的練習

之前曾寫下聆聽對方話語時自己的慣性反應，分辨是否為同理聆聽。這次來練習一下簡單的同理聆聽。

規則

請參考「想法—情緒感受—需要分類一覽表」（第一二七頁）。

1 把一起練習的人所想起的、所述說的情緒感受與需要，全都寫下來。

2 請寫下在各式各樣的情緒感受與需要中，若是自己，情緒感受與需要會是如何。

3 比較每一題彼此的情緒感受、需要，確認想法有何異同。

範例
「朴股長這樣做豈不是不配合團隊，只顧自己嗎？他本來就是這樣的人嗎？」
（組長→朴股長）
- 情緒感受：心煩、不高興、鬱悶、難過、混亂、不快、頹喪。
- 核心需要：協助、團體、共享、理解、指導、信任、職責、關懷。
- 若是我的話？情緒感受：如果我是組長，應該也會很心煩。
- 核心需要：因為彼此間的關懷很重要。

①「你都只顧你的家人！」（妻子→丈夫）

- **情緒感受：**
- **核心需要：**
- **若是我的話？情緒感受：**
- **核心需要：**

②「妳又不是我的老師，為什麼每件事都想教我怎麼做？」（男朋友→女朋友）

・情緒感受：

・核心需要：

・若是我的話？情緒感受：

・核心需要：

③「媽、爸，你們真的關心我嗎？你們都只顧著姊姊。」（子女→父母）

・情緒感受：

・核心需要：

・若是我的話？情緒感受：

・核心需要：

④「課長，您為什麼都叫我做這些事？」（職員→課長）

・情緒感受：

・核心需要：

・若是我的話？情緒感受：

・核心需要：

⑤「你知道我們同事之間的競爭有多激烈嗎？」（丈夫→妻子）

・情緒感受：

・核心需要：

・若是我的話？情緒感受：

・核心需要：

同理聆聽的分階段練習

這次來練習「同理聆聽」，聆聽對方的話語，加以整理、摘要、反映，推測對方的情緒感受和核心需要。

規則

各自先寫下來，然後一對一交換角色說說看。

目標

支持對方能夠分辨與覺察自己的想法、情緒感受和核心需要。

範例

「媽媽，我在學校真的很辛苦。上課變得很沒意義，有時候實在不想活了。」

（如果你是聽見國中三年級女兒如此表白的媽媽。）

1 如實反映與摘要聆聽的內容：「上學很辛苦啊？上課和交朋友都很累嗎？」

「嗯，交朋友太累人了。總覺得只有我獨自一個人……」

2 聆聽情緒感受：「那你應該感到很孤獨、很悲傷……對嗎？」

「嗯，真的很傷心……」

3 聆聽核心需要：「看來你想要有人陪在身邊，是嗎？」

①「為了進入大企業工作，我犧牲了所有的大學生活。但，這不是我嚮往的職場生活。我不是為了這樣才進公司上班的。」（如果你是聽見進公司居滿一年新進職員如此表白的朋友。）

· 如實反映與摘要聆聽的內容：

· 聆聽情緒感受：

· 聆聽核心需要：

②「在火車上，我突然喘不過氣來，覺得自己快死了。我的工作經常需要出差到處跑，很難跟老闆說不想出差。」（如果你是聽見四十多歲丈夫說這番話的妻子。）

· 如實反映與摘要聆聽的內容：

· 聆聽情緒感受：

· 聆聽核心需要：

③「如果我放任孩子，人們就會說是因為沒有爸爸教才會這樣，所以我必須嚴苛地教養他。」（如果你是聽見獨自撫養六歲兒子的單親媽媽說這番話的職場前輩。）

- 如實反映與摘要聆聽的內容：
- 聆聽情緒感受：
- 聆聽核心需要：

同理建立可信賴的關係

讓我們回想一下過去，應該都曾有與某人關係遭遇困難的經驗，可能是與職場主管處不來、戀人之間的爭吵，或是家人之間的矛盾。這種無法與當事人一起化解衝突的情形很常見。這時候，我們通常會向第三者傾訴各種紛紛擾擾的苦惱，對方當下只是十分認真傾聽我說的話。奇妙的是，儘管我們並不是與衝突的當事人對話，只是把這件事向無關的人述說，心情旋即平靜下來，內心感到獲得理解，情緒上也覺得感恩且舒坦。為什麼會這樣呢？這就是諮商過程的存在效果。像這樣，即使衝突當事人無法寬解我的內心，卻可以透過與第三者的對話來紓緩心靈。這就是同理的力量。甚至我們能夠進一步明白，就算衝突當事人最終成為觸發我們情緒的刺激，卻不是真正的原因。

① A 同理B時。

「心裡覺得惆悵嗎？
原來是需要關心！」

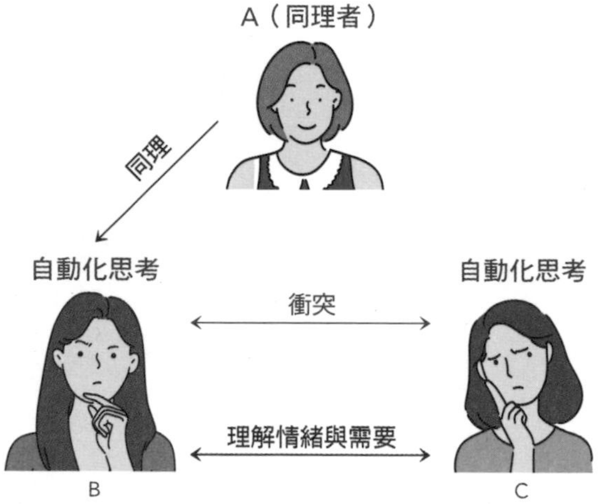

②B打消指責C的想法。

「居然有那麼奇怪的女人。」
「竟然得和她一起工作！」

③B發現自身的情緒與需要。

「原來是缺少關心，所以我覺得惆悵啊！」
「原來我是想得到別人的關心啊！」

我們以右圖來檢視一下A進行同理的過程：

①B討厭C且指責C。

②A同理B，協助一起發現B的情緒感受與需要。

③B覺察自己的想法，發現自己的情緒感受與需要。

④B開始理解自己。

⑤C沒有變，但B的內心已能平靜下來。

⑥B與C重新和解，連結關係的可能性增大。

⑦B感謝A，更喜歡A，兩人關係變得更好。

雖然同理我的人是第三者，並非與我衝突的當事人，我們的內心也會獲得安慰而平復下來。

理解

用翻譯機理解與聆聽背後的真心話

覺得對方言語刺耳的原因

其實每個人都想要當好人，都想要成為能夠認真傾聽對方說話、親切做出反應的好人，但礙於條件與環境的限制，往往做不到。而且，當我們狀況也不太好時，很容易就會打斷對方的話語，或者心不在焉地聆聽，甚至忽視對方的存在。

什麼時候很難全神貫注傾聽對方說話呢？

首先，體力太差的時候，聆聽對方說話會感到不舒服。即使側耳傾聽，也沒有餘力可以按照前面的練習去推測與反映對方的情緒感受和需要，更遑論一起進行探索。或者，當我們聚精會神在其他事情時，也無法同理聆聽對方說的話。因為「聆聽」意味著全神貫注於對方的過程，而我們的大腦不太擅長一心多用。

還有，**當對方說出「讓我不舒服的刺耳話語」時**：

- 令人生氣的話
- 令人歉疚的話
- 令人惆悵的話
- 令人悲傷的話
- 令人恐懼與畏縮的話
- 「自以為是」的話
- 特定對象說的「任何話」
- 特別討厭聽到的詞彙、語氣或行為

總之，**這些在我們聽起來令人難受的話語，會阻礙我們內心去同理說話者為何會說出那樣的話**。其實在家庭關係、團體內部或朋友關係中，我們經常也會聽到讓人心裡不舒服的話，只是處在第三者的立場時，要同理對方可能不是那麼難的事。但如果自己成為衝突當事人時，「正確理解與聆聽」對方的話語就會變得非常困難。因為我們心中立刻浮現的想法和情緒感受，讓我們難以同理對方。

對方說話難聽未必是因為我

父母老愛拿我們兄弟倆做比較。誰做得比較好就會比較愛誰。

我不像弟弟一樣隨和，也不會撒嬌，念書也比弟弟差。小一歲的弟弟念高三時，我是重考生，那一年真的是我人生中最難熬的時期。媽媽無時無刻不在比較我和弟弟。學習不如弟弟，飲食習慣也和父母不同。與弟弟大相逕庭、木訥寡言的我，那一年痛苦到無法忍受，即使到年近五十的現在，那道傷口依然淌著血。每當太太要我與父母和解時，不是我沒有那份心，而是因為父母根本無法理解，所以只能維持現狀。

當我自己當了父母、有了兩個孩子之後，我反而感到更惆悵、更傷心。老實說，我深深覺得自己的父母沒有當父母的資格，因為身為子女的我一直得不到關愛，只得到有條件的待遇。為什麼我的父母會拿自己的兩個孩子互相比較，說出令人痛苦甚至殘忍的話呢？

我們經常因為對方的言行而受到巨大傷害。有時是互相爭執，有時是憤而殺人，有時則是想自我了斷。殊不見每日新聞裡，大大小小的暴力事件頻傳。許多人在肉體上、精神上都經歷著關係決裂的痛苦。為什麼對方會留給我們那麼多的痛苦與不適呢？

其實，理由諸多。

對話是從言語和行為體現出來。各位，如果一個孩子**從小經常聽到來自父母師長的指責或攻擊性語言**，後來沒有再歷經新的學習就長大成人，很可能也會產生類似的說話習慣。這是第一個理由。若真是如此，這個人應該先得到同情，而非厭惡。

第二，這種結果之下，許多孩子**即使想要健康地表達心意，卻不知道方法**。他們真的不知道該怎樣說話才不會傷害到對方。若真是如此，這個人應該得到協助，而非指責。

第三，**從小就經常以攻擊和脅迫他人，獲得自己想要的東西，這個習慣就愈難改正**。若真是如此，我們是不是應該鼓起勇氣抵抗，明確地提出意見呢？

第四，**內心愈脆弱，為了保護自己，或者想要凸顯與確認自己的存在感時，愈可能以過度強勢的方式說話，甚至做出攻擊性行為**。若真是如此，這個人應該很少有被接納的經驗，他所需要的也許是愛。

這四種類型只適用於判斷對方嗎？還是我們自己有時也屬於這些類型？老實說，我在自己身上有時也會看到了屬於這四種類型的行為。

總之，**從小聽著來自父母師長的尖銳言語，想用不同的方式說話卻又不知道具體的方法，只學到即使會讓別人感到不舒服也試圖得到想要的結果，還有想使用強烈的表達凸顯或確認自己的**

存在感時，人們就會說出具攻擊性且傷害對方的言語。

錯誤的請求話語：指責和評論

我和男友在咖啡館。男友打開提包時，不小心撞到了我筆電的滑鼠，滑鼠掉到桌子底下，電池蓋也掉了。我先撿起電池，然後到處尋找蓋子，但都找不到。當我還在找時，男友只是敷衍地瞄了幾眼，若無其事地說道：「怎麼找都找不到，算了啦！我們走吧！」我有點不高興。那是我的東西耶！而且男友的反應也太事不關己了吧！

本來想忍著，但最終還是說了出來。「為什麼不跟我道歉？是你撞到我的滑鼠。」但是男友不悅地拒絕說道：「這件事需要這麼小題大做嗎？妳每次都這樣，很討人厭耶！」然後不歡而散地各自回家。我們都已經計畫要結婚了，所以內心很不安，雖然無條件忍耐不是正確的解決方法，但我也不想跟他吵架。

如果遇到不舒服的言行，心理上就會承受痛苦。這時，對聽到的話充耳不聞可能是個好方法，以其人之道還治其人之身也是一種方法。或者，提醒對方「你知道那句話有多傷人嗎？」也是另一種方法。

不過，除了這些方法之外，**如果想要「真正理解對方話語中的意義」，就必須能夠以不同的方式聆聽。我們很清楚，如果說出這些刺耳話語的人是自己珍視的家人、心愛的人、團體中不可或缺的人，充耳不聞或一起攻擊都徒勞無功，最重要的是，真正理解對方的發言，練習聽懂這些話語的態度與技術，把它們轉化為相互連結的機會。**

聽到刺耳的話語，請務必記得一件事：**「對方向我吐出的刺耳話語，都是請求的另一種說法。」**馬歇爾・盧森堡（Marshall Rosenberg）博士曾說道：「我們的任何話語，都是請求或感謝的表達（Please or Thank you）。」

如果難以接受這個說法，請先捫心自問一下：

① 想一想你對珍視的人曾經說過最後悔的話。

↓「你出去，我不需要像你這樣的孩子。」——後悔的話

② 你為什麼會那樣說？是因為期待對方做某件事嗎？

↓「我希望孩子不要頂嘴，能聽我的話。」——請求的心

③ 其實希望對方能夠理解自己的內心。

↓「爸爸媽媽希望你幸福。」——請求的心

④所以想要讓他知道你有多痛苦。
↓「因為你頂嘴，我很難受，所以我也想讓你覺得難受。」——衝動的想法
⑤用同樣令人痛苦的方式說話。
↓「你出去，我不需要像你這樣的孩子。」——評論、責備
※不過，下面的需要才是真正希望對方理解、想向對方請求的事。
↓「所以，你可以不要一直頂嘴，好好聽我把話說完，好嗎？」——請求的表達

當我很痛苦的時候，雖然以相同的方式跟對方說出令其痛苦的話語，內心卻經常是懇切的請求。只要領悟到自己的內心狀態，就能意識與理解到對方也是同樣的心情。我們所有人在不如意的情況下，都很難說出心中所願，往往只會拋出讓彼此更加痛苦的言語。同時，還渴望對方能夠理解自己。這類的言語你來我往，不知不覺彼此就會漸行漸遠，走向決裂。我們可以仔細想想，家人之間的痛苦與衝突全都歷經這個過程吧！

老實說，在對話教學的過程中，我自己也曾因為觸及內心傷痛哭了許多次。自己就是這樣，與曾被他們寵愛也想好好愛他們的寶貴家人和朋友們，糊里糊塗地相互傷害，彼此漸漸疏遠。

如果你曾被這類瞬間的情緒感受與想法擊倒，搞砸自己珍視的、必要的關係，希望現在能夠重新練習，真正理解對方說出的刺耳言語，因為我們將會蓄積可以健康對話的力量。

把刺耳的話轉換成真正想說的話

「這件事需要這麼小題大做嗎？妳每次都這樣！」

不管對方說什麼，都不要專注於話語本身，請試著專注在話語背後隱藏的意圖，他的需要和情緒感受。因為聆聽不是專注於我的想法，而是集中在對方的意圖。

1 覺察自動化思考——攻擊對方・自我指責

範例

攻擊對方——「做錯事就該道歉，厚臉皮地不道歉，還認為我在小題大做。」

自我指責——「為什麼我總是那麼固執又吝嗇？滑鼠再買一個就好，何必折磨自己。」

覺察——「原來我是這樣想對方，這樣想自己啊！」

2想起真實

「原來他說的話是請求或感謝的意思啊！」

3打開翻譯機，把刺耳話語轉換成真正想說的話

「這件事需要這麼小題大做嗎？妳每次都這樣！」

↓這句話要轉換成對方真正想說的話，可以怎麼做呢？

「我也有做得好的地方吧！」

「因為很難為情，所以不好意思說出來。」

4理解隱藏在話語中的對方意圖——情緒和核心需要

- **對方是什麼樣的心情？**

範例 男朋友看起來惆悵又難為情。

- **對方的意圖裡隱藏著何種需要？**

範例 男朋友的意圖裡，或許有理解與認可的需要。

（希望對方理解自己的錯誤，以及認可自己一直以來做得好的事情）

再次反彈：「你明明知道，為什麼還這樣？」

如果女朋友向男朋友說：「難為情嗎？原來你希望我講話溫和一些啊！」你想男友會有什麼反應呢？一般來說，男友這時應該不會回答：「嗯，謝謝妳明白我的內心。」反而更可能是回說：「你明明知道，為什麼每次都這樣？」我們可以用「再次反彈」來解釋這個現象。當我們努力理解對方時，對方卻無法立即接受那份心意，反而惱羞成怒。這在現實中很常見。因為生氣攻擊對方時，即使對方同理做出反應，內心也不會馬上平靜下來。對於試圖理解和傾聽的我們來說，這個過程有時會是非常艱難的經歷。這是所謂的「消弱突現」（Extinction burst）。

消弱突現意指當我們試圖消除某個東西時（使消弱時），再次像反作用一樣彈起來的現象。這在改變行為的修正療法裡具有重要意義。以某個孩子高聲哭鬧就能得到東西的經驗為例，如果父母為矯正孩子行為而說：「高聲哭鬧不能得到東西，你要學習其他的方式。」孩子很可能無法立刻把話聽進去，因為他以前曾經透過高聲哭鬧獲得想要的東西。這時候，孩子會再堅持一次或多次習慣性的方式（高聲哭鬧）。這就是消弱突現的現象。如果不作任何反應，靜靜得等待，強度會逐漸減小，孩子慢慢會知道表達心願的新方法。

這也完全適用於對話練習上。以往的**對話都是以習慣性的方式進行**，透過習慣，我們也完成了許多事。**因此，就算從現在開始不用習慣的方式反應，試圖按照新學到的方式進行練習，對方也可能再次提高強度，強烈表達自己的內心。**如果我們的反應是勃然大怒，對方會期待吵架，如果我們只是屈服，對方也會期待屈服。所以我們在挑戰新變化時，總是會遇到這樣的考驗。在這種挑戰中，必須堅持目標。現在，我們選擇了重新連結彼此，所以請再說一遍。

回到上面的例子，可以接著說：「嗯，原來你真覺得很難為情、很不舒服。現在我知道了。」這麼表達之後，很少有人會再發怒。

這個例子中，我們檢視了對於聽起來刺耳的言語可以如何聆聽與反應。聽到刺耳的話語時，我們能做的是：「覺察自動化思考→想起真實的請求或感謝表達→打開翻譯機，轉換成真正想說的話→理解隱藏在對方話語中的意圖（情緒、核心需要）」。

舉例來說，試想朋友（或同事）向我拋出下面這句刺耳的話：

「你，就只有這種程度嗎？」

1 覺察自動化思考——慣性阻斷反應

面對令人不舒服的言行，慣性聆聽的反應會出現攻擊對方或自我指責：

①攻擊對方：聆聽對方說話時，習慣性、無意識地駁斥與指責對方。將自身情緒的原因歸咎於對方，指責對方、批判對方。結果很可能是與對方吵架或發脾氣。

「你平時又做得有多好？」

「就比你好，我才不像你那麼自私。」

②自我指責：聆聽對方說話時，習慣性、無意識地歸咎自己。面對對方的情緒，把責任全部攬到自己身上，指責自己、批判自己。心情鬱悶低落，對方可能感受到的是罪惡感，而非被理解。

「是我的錯。我應該可以做得更好的。」

「沒辦法，我的能力就只有這樣。」

③覺察：與其努力不去想，不如別抗拒腦中浮現的想法，讓想法全部浮現，只是試著保持距離，覺察到「原來我現在是這樣想的啊」。

「原來我現在是這樣想的啊。」

2這是請求的表達嗎？是感謝的表達嗎？

究竟我們接觸到的不舒服言行是請求還是感謝，可以判斷一下對方的意圖：

①將對方刺耳的言語解讀為請求的例子：

「只有這種程度嗎？」↓原來是請求做得更好。

「你以後也生個像你一樣的兒子看看。」↓原來是父親請求兒子理解自己的心情。

「意志太薄弱了，為了這點事情就想死？死了算了，你這傢伙。」↓原來媽媽希望我打起精神，堅強戰勝。

②將對方話語解讀為感謝的例子：

「怎麼回事，全部你請客？」↓原來是感謝的表達。

「你是賺多少錢，還給爸爸媽媽零用錢？」↓原來是感謝給零用錢的意思。

「寶貝女兒連妝都化好了，稀奇吧？」↓原來是稱讚打扮漂亮的表達。

3打開翻譯機，把刺耳言語轉換成真正想說的話

把朋友說的：「用其他方法做會更好。」轉換成：「原來他說這句話是希望我能夠聽取他的

意見啊。」

4理解隱藏在言語中的核心需要：理解對方

現在來試試看聆聽「話語」意義的練習。人在感到不舒服的情況下進行對話，任何人都會做出不屬於真實心願的言行。理解到這一點，我們此刻就**不會專注在對方的話語，為此受傷，而會專注在對方真正的意圖與意義，探索對方隱藏的核心需要為何。不過也要認知到，對方的情緒或需要，絕對不是我們必須擔負的責任。**理解對方，是嘗試與對方話語中隱藏的意圖，也就是對方的核心需要相連結，以靜默或表達的方式呈現。

「看來他很失望、很惆悵。似乎是想『發現』其他方法或想獲得大家對經驗的『尊重』。」

（他的情緒不是因為我的緣故，他的需要也沒有理由要我負責。）

嘗試理解刺耳的言語

規則

請參考前面的內容來寫。

1 寫下最近聽起來刺耳的話語。

2 寫下自動化思考中的「攻擊對方」訊息（像是跟對方說話一樣在腦中浮現）。

3 寫下自動化思考中的「自我指責」訊息（像是跟自己說話一樣在腦中浮現）。

4 覺察想法（寫下「原來我現在正在想＿＿＿＿」，並且唸出來）。

5 是請求嗎？是感謝嗎？加以判斷且寫下來。

6 打開翻譯機，把刺耳言語轉換成真正想說的話。

7 打開翻譯機，把對方的話語轉換成需要（包括情緒感受）。

＊ 情緒感受：原來他的心情＿＿＿＿＿＿＿。

＊ 核心需要：或許＿＿＿＿＿＿＿的需要很重要。

※重新讀第1題寫下的刺耳話語。

讀一下第7題找到的對方需要。

反覆誦唸第1題和第7題兩次。

然後與旁人分享一下內心有什麼樣的變化。

決心要試著理解對方的言行時，務必要謹記你的目標。訂立的目標如下：

「我現在不是選擇說話，而是選擇聆聽。」

「理解對方說的話，證明我是健康的。」

「試圖理解對方，並藉以與對方重新連結。」

解讀

社群網路（SNS）對話：資訊減少、解讀多樣

「所以呢？」——是想知道後續嗎？還是希望不要回答的意思？

「這報告是怎麼回事？」——是想了解嗎？是很糟的意思嗎？還是很棒的意思？

「我好像說過。」——是不記得的意思嗎？還是不要讓我說第二遍的意思？抑或是要我自己看著辦？

「無法理解。」——是我說錯了嗎？是要我再次說明的意思？還是要我重做？

「我錯了。」——是真心的嗎？間接暗示是我的錯？還是到此為止的意思？

在公司的群組裡，主管的每一句話都讓人費神。無法知道究竟是什麼樣的口氣，是真的好奇嗎？是想確認嗎？是不是生氣了？是不是真的悔悟？還是在指桑罵槐？所以回覆時總要耗費很多心力。年紀輕的員工，看起來都一派輕鬆，不怎麼傷腦筋，不知道是因為我太小心翼翼，還是

過於老派，反應總是非常敏感。一開始用訊息對話的好處是留有紀錄，之後能夠找到彼此說過的話，但實際上，經常出現感到迷糊混亂的時候。原本這一切是為了提高工作效率而開始使用，但實在不知道是否真的有效率。而且這種群組還不是只有一兩個。社群網路真是令人厭煩。

人際溝通時通常能夠透過以下幾個管道理解相互的意圖：

1面部表情

2聲音語調

3肢體動作

4言語內容

5背景狀況

然而，利用社群網路的即時通訊軟體（Messenger）、簡訊、KakaoTalk❹等對話，只能透過「話語內容」對話交談。也就是說，只能用一種管道進行對話是社群網路對話的特徵。在資訊這麼少的情況下，各自的解讀就會增加。

❹韓國最知名的手機應用程式通訊服務軟體，台灣民眾則大多使用Line。

KakaoTalk的情況是，如果表示未讀的數字1消失後仍未回覆（一個訊息），就會有多種解讀。是讀了裝作不知道、太忙碌而無法回覆、還在傷腦筋該說什麼、為了好好表達而需要一些時間，還是沒有回覆價值的意思或同意我的意見等等。

①視覺管道（肢體動作、面部表情、背景情況）、②聽覺管道（聲音大小、語調、速度），如果這兩種管道的資訊消失，只剩下提供言語內容一種資訊，各自的解讀就會產生動搖。如果你也曾經有過根本沒什麼事，卻自己在那邊費心苦思的經驗，就知道我們對於用簡訊對話有多麼苦惱了。

社群網路是讓物理上遠距離的我們能夠相互連結的好用工具，同時也是因資訊限制而無法好好確認意圖的阻礙工具。因此，有時會在彼此之間累積大大小小的誤會，為此要打電話或見面化解，又覺得丟臉難為情，怕自己被列為怪人、怕看起來會記恨，因為害怕外來的視線，所以選擇靜默不語。

我們必須明確知道社群網路對話的侷限性。而且，如果開始習慣這種對話方式，藉由通話或直接見面來建立關係的機會自然就會減少。當然，在告白愛情或表達感謝的時候，有時透過社群網路的方式會帶給我們勇氣。因為平時害羞而說不出口的內心告白，用這種對話方式非常有用。簡訊、KakaoTalk、即時通訊軟體等對話方式，並非意味著不好或危險。但很重要的是，使用時要清楚明白這種方式會對我們產生的影響。我與研究所的職員都是在家工作，因此大部分的對話都使用訊息。聽說現今有些家庭身處同一屋簷下也不願意越過房門與對方面對面交談，而僅僅透過KakaoTalk和簡訊進行對話，顯然我們真的必須超越是非對錯，反思這是否真的是我們內心想要的關係樣貌。

連結對話練習

1 分享一下各自使用KakaoTalk、簡訊、即時通訊軟體時曾經歷的小困難。

範例

「在公司用KakaoTalk對部屬發送請託的簡訊。詳細寫了大約五行左右，過了數小時後才收到『好……』的簡單回覆。這究竟是什麼心態，無從得知。」

2 分享一下當時那件事的結果造成怎樣的關係經驗。

範例

「到底是討厭？是勉強去做？還是經過深思熟慮後做出的回答？是雖然不情願但還是試著做？還是他的本性就是如此？各式各樣的想法全湧上來。但也不好詢問究竟是什麼意思。從此之後，老實說，我對他很不滿意。」

用文字對話的負面效應：匿名性與攻擊性

我最喜歡的藝人因為惡意留言而自殺了。看到人們在Instagram、Facebook或Twitter上的留言，真的令人害怕。到底為什麼會上傳這種留言，每次看到這類的文句，就會覺得現代人非常殘忍，實在無法理解是出於什麼樣的心理才會寫出那樣的留言。

在沒人看到的地方，我們究竟是誰？在沒人知道的時間裡，我們究竟是什麼樣的人？

偶爾在新聞報導中看到心愛子女因被網路霸凌而走上絕路的父母，他們茫然若失的樣子，雖然肉體活著，卻無法像其他活著的人一樣享受許多東西。笑了會想「我有資格笑嗎？」而閉上自己的嘴巴，看到這些不幸父母的模樣，就會想要拋開自己的職業角色，緊緊擁抱他們，對他們來說，生活本身就是痛苦的。根據這類創傷經驗相關的死亡學研究報告顯示：「歷經創傷性死亡的家庭絕對無法回復與過去一樣的生活。」

曾有一名含冤自殺孩子的父親提交國民請願，後來，長期陪伴那家人身邊的朋友跟我聊到：「經歷過孩子令人惋惜的枉死，有一天這對父母傳來一條在國民請願的同意欄按下同意後的留言：『父母也有錯』。這一行字令他們多麼心痛，才會傳來給我？」無關留言者的意圖，對於子女以自殺結束生命的父母來說，這一行字真的是貫穿心肺的毒箭。

鑽刺入心的建議、批評指責的對方，究竟要如何看待才好？有關於此，**提倡非暴力對話的馬歇爾．盧森堡明確指出，對方的攻擊性行為，不是針對我，而是將他自己的痛苦（受挫的需要）以悲劇的方式表現出來。**

首先，我們要學習保護自己的應對方法。絕對不能把對方的指責想法看成自己的。當然，不同於直接面對面可以確認其背後意圖的對話，社群網路上發生的霸凌和痛苦，性質略有不同。即使想知道那個人的文字含義為何，也難以確認。不能面對面，也無法用聲音聆聽直接說明，除了在心裡臆測之外，別無他法。因此明白哪些是我們能夠控制的和哪些是無法控制的，可以做為守護自己的開始。我們無法控制的留言，令人不快又感到委屈，但如果同樣用攻擊性的方式應對，其過程往往會留給彼此更致命的傷害。其實現在拿起手機搜尋一下新聞，輕而易舉地就可以在其留言區找到一個以上的惡意留言，那些都是我們不可控的。

連結對話練習

1 分享各自經歷的惡意留言與自身想法。

2 如何應對才是明智之舉，請彼此交換意見。

惡意留言：他的故事，不是我的

攻擊性強的惡意留言具有明顯的特徵。從小愈習慣攻擊性言行的人，愈容易表現出攻擊性。而且年齡愈小，愈容易模仿父母或周圍大人的暴力性，不加思考地行動。如果具備這兩種特徵，暴力性在匿名時就會爆發出來。因此，他們知道什麼樣的詞語表達最能令人痛苦，直戳人們最痛之處。

因此，理解惡意留言實際上毫無意義。因為理解那些長期習慣於暴力方式的人，並非只是理解表面顯示的一行留言就結束的問題，而是必須理解那個人一輩子的經歷脈絡。換句話說，**明智解讀惡意指責的第一個方法**，不是接受留言，**而是就這樣忽視不理**。

各位，那些表達指責、嘲弄、毀壞名譽、辱罵的任何語言，絕不是對我們說的話。那是他人生中，自己無法滿足的需要遭到扭曲，因而透過暴力將悲慘的想法喧嚷叫囂出來。所以，**看到這類文字，請在心裡大喊一次：**

「那是你的意見，是你的故事，不是我的。」意思是說：「It's about you.」

因為在匿名空間裡亂敲鍵盤的瞬間，他無法意識到自己的暴力性而無意識地、習慣性地傾瀉出來，所以自己也解釋不了為什麼那麼做。

建設性的評論留言與只為攻擊的暴力留言，性質截然不同。建設性的評論中，明顯內含其想法與意圖。然而，攻擊性留言裡並沒有意圖。要說唯一的意圖，**就是被自卑感壓抑的自我，化為想要在匿名空間裡扭曲表露自己的優越「存在感」。能夠透過這樣暴力方式表露自身存在感的地方，該場域就成為得以區辨自我身分，且形塑另一身分的社群網路。**

練習 1

惡意留言造成受害者痛苦的情形為何會發生？如果曾有過類似情況，請分享自身經驗；若沒有就分享一下聽過的故事。

範例 不管是誰，持續對自己說否定的話，都會痛苦得不想活。

扭曲且不真實的留言，為何我們無法就這樣視而不見、輕輕略過呢？

人們對於他人的評價很敏感，因為人是藉由對方的評價和認可，逐漸形成自身的存在感。人誕生後必須受到保護才有辦法生存。而且，在孩子成長過程中非常重要的需要是接納和認可。無條件的接納是必要的，成長時有條件的認可也很重要。父母在子女出生後，必須無條件地接受他的存在，至少直到三歲。美好的接納，意指即使孩子做錯什麼，即使孩子身體孱弱，光是他的存在就已足夠。孩子從中會學習到接納自己，視自己是值得活在這個世上的。而且，給予接納的人必須是父母。孩子成長學習的模樣，也必須獲得認可。認可孩子的成長過程與結果時，比較的對象不是別人，而是孩子的過去。今天比昨天更進步，就是孩子需要認可的瞬間。

然而現實又是如何呢？韓國許多孩子在成長過程中，得不到這樣的接納與認可。說不定我們的父母也沒有無條件地接納我們。與手足相比較，與外界相比較，他們時常給予我們有條件的愛。所以，即使我們成年了，還是渴望得到外界的認可。有時候，想要得到外界的認可，反而無法過自己真正想要的生活。為了迎合別人，偶爾也會放棄自己的需要。這就是我們現在的模樣，不是嗎？

因此，縱使為了他人的指指點點而整日心煩意亂，也不用評斷這樣的自己過於懦弱或像傻瓜一樣。你我都屬於想要得到他人認可的脆弱存在。惡意留言使內心動搖，KakaoTalk的尖銳簡訊成天讓心靈備受煎熬，理由就在於，它們觸動了現代人脆弱的認可需要。

那麼，面對惡意留言和指責，我們是否應該就這樣赤裸裸地忍受痛苦？當然不是。我們擁有本能的天賦，能夠覺察自己想要的是什麼。

明智解讀惡意留言的第二個方法，是我們在看到惡意留言而被觸及時，認知與發現到自身的

核心需要。

那或許是：

1 我自己固有的**尊嚴**

2 對我和家人名譽與權利的**保護**

3 對自身努力的**認可**

4 身為人所需要的**自由**

5 盼望揭露的**真相與正義**

就是這些。靜靜重新思索我們的需要（尊嚴、保護、認可、自由、正義、真相）。與其一再讀取留言而承受傷害，不如靜靜地審視這些我們找到的需要，反覆細讀自己的內心深處。

練習 2

嘗試讀取自己的各項需要，分享一下各需要對於自己生活有多重要、有什麼意義。在說話者說話期間，請聆聽者以靜默的方式同理聆聽。

・尊嚴：

・保護：

・認可：
・自由：
・真相：
・正義：

比起反覆咀嚼對方充滿攻擊性的話語，認知到自己的重要核心需要，反而會為自己帶來更強烈的心理變化。因為比起喪氣無力、沉浸在憤怒之中，我們這樣做更有讓自己動起來的力量。努力覺察我們的心中所願，也就是我們受挫需要的努力，也可以說是追求健康生活的必經歷程。此外，我們有必要將自己想追求的要求轉化為想要的表達方式。

練習 3

悲劇性的自動化思考	轉換成想追求的核心需要
任何人都無法理解這樣的我。	↓我想得到別人對自己的理解。
那些不知情卻亂說的傢伙都該死。	↓對自己的言行負責很重要。
關於我的謠言會繼續傳開。	↓我希望真相大白。
人們最後會討厭我吧。	↓我需要愛情和信任。
〔請各自寫寫看〕	

每個人都有自己的需要。需求是極為個人的需要和願望，同時具有任何人都能理解、都能認同的普遍性。就算是指責某個特定的他人，指責本身也有想要滿足的東西。因為指責只是對話的過程，不是目的。目的在於需要。任何行動都是從想追求的需要開始。即使滿足需要的方式是暴力的，人們也全都是為了自己想追求的東西而繼續活著。如前所述，對人來說，需要是驅動我們行動的生命力量。

此時此刻，我們應該重新思考，想要健康生活，心裡裝的應該是什麼。

非常有幫助的方法是發現我們重視的需要，在心裡裝入需要詞彙的意義，而非充滿他人惡意的想法。比起起身行動，比起視而不見，比起努力迴避，更明智的方法是，對方發出指責的想法時，內心停留在我的需要上，專注於我的需要，而非他們的話語和文字。回憶這些需要對我來說意味著什麼，認可自己內心擁有的生命力。

練習 4

①逐一說出「需要分類一覽表」（第一三三頁）中醒目的需要詞彙，說說看該需要對於自身生活有何意義，分享需要之所以重要的理由。

②說話者說話期間，請聆聽者保持靜默，不提任何建議，只是聆聽。彼此調換，進行分享。

●厭倦對話練習時務必想起的事

下面是關於連結階段的圖。

在對話中聆聽某人說話或靜默觀察某人行動是很困難的事。所以，大部分練習聆聽的學員都會感受到這種情緒而訴苦道：

「這要聆聽到什麼時候？好煩悶啊！」

「為什麼只有我得聆聽？」

人出生過週歲後開始學走路。剛過一歲的孩子，無法理解為什麼運動鞋要繫鞋帶。所以，幫孩子穿上鞋子，他們會立刻要走出去，沒有為何要繫鞋帶的意識，也沒有如

連結的階段

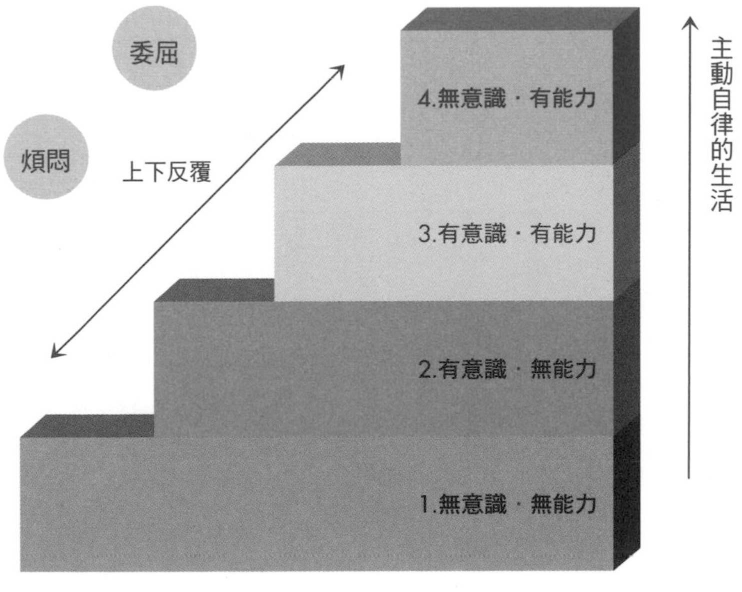

何繫的能力。這是**第一階段：無意識．無能力**（Unconscious Imcompetence）。後來，孩子稍微長大，開始走得很好，鞋帶還沒繫好時就想開走，然後，碰！摔倒時會想「哦，原來運動鞋要繫鞋帶」，終於知道要繫鞋帶的理由，但還沒有繫鞋帶的能力。這是**第二階段：有意識．無能力**（Conscious Imcompetence）。所以孩子會去找媽媽幫他繫鞋帶，看著媽媽幫他繫好。從此之後，孩子知道出門要繫鞋帶，按照所學嘗試錯誤，一步步訓練出繫鞋帶的能力。這是**第三階段：有意識．有能力**（Conscious Competence）。經過此一過程，即使孩子在無意識下，也自然能夠嫻熟地繫好鞋帶。這是**第四階段：無意識．有能力**（Unconscious Competence）。

對話也與學會繫鞋帶的過程相似。沒有人在學校課堂上學繫鞋帶，都是在家裡邊看邊學。對話也是如此，在生活中慢慢習得。處在無法意識到為何必須學習對話、也沒有對話能力的階段（第一階段）時，總有一天會像摔倒的孩子一樣，在人際關係方面經歷重大困境。周圍的反饋可能是「沒辦法跟你對話」。如此一來，雖然不知不覺間會意識到必須學習對話，但依舊不知道該如何說話與聆聽（第二階段）。

此時，我們相遇，現在意識到學習對話的必要性，一起慢慢地學習對話的技術。因此，意識加上練習，慢慢能力就能貫通（第三階段）。超過該水準之後，即使不太有意識，對話能力還是保持靈活，聽到刺耳言語時，就會自動判讀：「那句話是請求嗎？是感謝嗎？」同時打開翻譯機，擁有不會感到不快而能理解對方的能力（第四階段）。

不過，**繫鞋帶與對話有一點不同。一旦熟練如何繫運動鞋的鞋帶，就不會再失去該能力，但是對話，有時會在瞬間又再喪失該能力。**固然對話練習會隨著對象和情況的不同，往階梯的上方走，無意識之下，對話能力就漸入佳境，但有時也會不自覺地想：「為什麼我要理解那樣的人」，然後就骨碌地往下溜，瞬間落到無意識且無能力的最低階。**這樣在階梯之間上上下下，就像訓練腿部肌肉一樣，鍛鍊著對話的肌肉。**

你在階梯的哪個位置？你想去哪裡？下來不是失敗，上去也不是永遠的成功。就像上下樓梯而變得結實的腿部肌肉一樣，心靈和能力的堅韌力量才是最大的成功。所以，請不要放棄，我們一起向前邁進吧！

Chapter 4

表達自己內心的說話練習

◆ 憤怒時

◆ 請託時

◆ 歉疚時

憤怒時

理解自己為何痛苦並表達出來

憤怒，不是「對方的緣故」

數年前，我曾為一名小學高年級的孩子進行諮商。孩子常常被爸爸家暴。有一天，孩子寫了一首詩，詩中出現的詞句令人心痛無比。這首詩內容是形容用針刺進肉裡面的疼痛，因為爸爸會利用隨手拿到的各種工具打孩子。各位，聽到這個悲慘的虐童故事，猜得出孩子有何感受嗎？

我小時候也曾長期遭到暴力虐待。很遺憾地，施暴者同樣是我的父親。雖然不想再提及已深深感到後悔內疚的父親，但還是有必要說明一下。父母親離婚後，多年來父親經常出手打我。當時，我真的很生氣。儘管害怕，但壓抑在內心更強烈的情緒是憤怒。

聽了那孩子的故事，我自認為自己比誰都懂那孩子的心，因為我們都有受虐的經驗。所以，我問那孩子：「想到爸爸，你一定非常生氣吧？」

我一輩子都不會忘記那個孩子聽到我這句話的眼神。他的眼珠裡找不到絲毫憤怒，他看著我說道：「老師，不會，我沒有生氣。」

雖然可以知道這句話是孩子的真心，不是謊話，但我完全無法接受。「真的嗎？你從來沒有生過爸爸的氣嗎？」

孩子靜默不語了一會兒，然後這麼說：

「老師，我一點也不討厭爸爸，而且我很想念他。我真的一次也沒生過爸爸的氣，只是可能會害怕或難過。」

天哪，怎麼會這樣？我想到父親，總是一肚子火，覺得又委屈又氣憤。我認為這樣的情緒，完全都是父親的緣故。我相信與我曾有相同經歷的人都會有一樣的感受。坦白說，儘管腦子裡知道「對方只是刺激，並不是成為情緒的原因」，仍以為這並不適用於兒時的受虐經驗。

那孩子是引領我開悟的師父。雖然他與我有相同的經驗，施暴者又同樣是親生父親，但感受到的情緒卻與我截然不同。透過經驗，他清楚得告訴我，親生父親只是我們情緒的刺激，無法成為原因。

從那起事件開始，我才得以仔細識別生氣與憤怒的情緒是出自什麼樣的需要，進而接受這個需要正是照顧、安全、保護的需求。從此之後，我對父親的那股「氣憤」情緒能量微妙地縮減，進而化為悲傷和遺憾。現在想起不幸的童年，依然會失落、悲傷，但再也沒有憎惡或埋怨父親的心理。多虧了那位比我兒子還年幼的孩子，我才能有這個重大體悟。

在學習非暴力對話的過程中，最令我迷惑混亂的部分，因為那孩子的表白而變得清晰，成為學習的契機。正如馬歇爾・盧森堡所言，對方只是激發我們情緒的刺激，無法成為情緒的原因。我們憤怒時，都會把情緒的原因歸責給對方，強迫對方，有時也會過度承擔他人的情緒。當我們互相推卸情緒責任時，會強迫對方採取特定的行為或言語。

把自己情緒的原因歸咎於對方時，我們會被憤怒的情緒淹沒，甚至用暴力的方式使對方屈服或試圖改變對方、強迫對方改變。特別是在處理憤怒之類的情緒時，比起努力釐清自己感受到的情緒，我們往往傾注更多力氣在分析與解決導致情緒產生的原因和結果。

連結對話練習

1「都是因為你。惹我不高興的原因就是你。」與夥伴分享曾經如此判斷的個人經驗。

2「都是我的錯。他不高興，都是因為我。」與夥伴分享曾經這麼想的個人經驗。

3 將情緒的原因歸咎於對方時，我們是如何結束對話的，具體分享當時的言行。

無論什麼樣的情緒，都自然接納

我很討厭對某人產生負面情緒。就像在對話課上學到的一樣，負面感受是「需求遭遇挫折時的情緒」。例如，任何人感受到討厭、悵然、怨憤、冷漠無情時，心裡會產生莫名的罪惡感，覺得自己不應該有這種感受，總是努力想要忘記。小時候，有一次氣得想要殺死某人。當時說給父母聽，被狠狠訓斥了一頓。那時候父母說了什麼話，我一點也想不起來，唯一清楚記得的場景，就是他們用手強捂住我的嘴。當時，我以為自己要被悶死了。不知道是不是因為這段記憶的緣故，每當負面情緒湧上心頭時，都覺得真的要喘不過氣來，所以更不想感受到那種情緒。因為不想感受的想法太強烈，就會做出迴避的行為。對我而言，學習到任何情緒都能感受，真的令我大為震驚。我一定要告訴孩子們，無論感受到什麼樣的情緒，都是我們還活著的證據。

處理不悅情緒的慣性方式（因為你的緣故，因為我的緣故），有時是迴避感受情緒本身。把情緒推給對方，會變得討厭對方，若是自己承攬下來，罪惡感和抑鬱感則會加深。如果對方是心愛的人，對他產生厭惡心理的本身就變成我們的一種痛苦。反之，也沒有人會想要體驗罪惡感和抑鬱感。用慣性方式來對待情緒，不僅會讓我們變得不理性且感情用事，有時也會做出讓我們後悔的事。

然而，不管是什麼樣的情緒，我們都要能感受得到，千萬不要迴避情緒，精準細膩地感受與認識情緒，反而是必要的。我們感受到的情緒，可能出自個人需要，也可能源於社會文化背景。情緒是每個人的內心感受，一方面很個人，另一方面又是整體社會學習下形成的自動反應，所以正視與認識變化莫測的情緒，不迴避或壓抑，其實是極為重要的過程。

1 感受情緒，這本身沒有任何問題。重要的是，別把它當作要我們做出某種行為的信號，而是將它理解為認知到事物對自己具有何重要性的信號。

2 我們說人「情緒化」的時候，一般可能有兩種解讀：

- 「原來他的情感這麼豐富啊！」
- 「原來他不太會調節自己的情緒啊！」

若是情感豐富，即意味著擁有足以理解自己與理解對方的力量。若是不太會調節情緒，也意味著只要學習認識與調節情緒的方法就可以了。實際上，根據本性做出的第一情緒反應並不容易調節，但心理學研究告訴我們，學習認識與調節情緒的方法之後，第二情緒的反應則完全可以藉由學習來調節。我們之所以要學習對話，就是立論在這個基礎上。

連結對話練習

1 選出自己不想感受的情緒，與夥伴分享為何有此想法。

範例 疲累：「媽媽老是把自己又病又累掛在嘴邊，所以我很討厭這種情緒。」

2 分享情感豐富的生活小經驗，認知到當時的情緒。

範例 我曾經和十二歲的兒子一起看《綁架門口狗》❶看到哭。

↓悲傷、羞愧。

3 分享難以調節情緒的經驗，認知到當時的情緒。

範例 「我昨天開車時，不自覺就向突然插進車道的車子大喊。」

↓害怕、驚訝。

❶《綁架門口狗》（二〇〇〇）是韓國導演奉俊昊的電影長片處女作，與其橫掃多項國際大獎的《寄生上流》同樣是探討社會結構性矛盾的黑色驚悚喜劇。

不悅情緒的成因，終究是自己的需求

這是參加聚會時發生的事。A光鮮亮麗地述說著自己的近況，表示晚餐他請客。我道謝後調皮問道：「連飯後甜點也請嗎？」A燦笑說當然全都請。

晚餐後，在回家的路上，一起參加聚會的B打電話來，劈頭向我說道：「喂，你在開心什麼，還要人家請吃飯後甜點？我的心情超級差，根本不想吃。」

在學習對話的過程中，那是對我很有幫助的瞬間。面對相同的刺激（友人華麗登場還請客），我和B感受到截然不同的情緒。我覺得感恩、快樂又有趣，但B感到不高興又彆扭。

我判斷A的帥氣登場是想要獲得認可（對我的人生來說，得到認可也很重要）。意識到這一點，我的情緒基本上是祝賀A的成功（？），需要是想要愉快地接受他樂於請客的心意，但B看到A的行為，卻認為他是在自我吹噓。據我推測，這個想法與B的需要（即關懷和自我保護）受挫有關。雖然不知道這個猜想是否正確，可以確定的是，面對相同的刺激，我們感受到的情緒大相逕庭。這個經驗確認了情緒的原因真的在於我們各自的需要。

如果無法意識到情緒感受，行為就只能跟著情緒走。在這種情況下，情緒可以視為歷經以下兩種思考後產生的。理解相關思考，對於理解與表達憤怒之類的情緒來說是非常重要的。

①有關情況與人的判斷思考

「小時候不怎麼樣的人，現在只是為了自我吹噓才來的。」

「他瞧不起我吧？」

「他算什麼咖，還想請客。」

②面對情況或刺激，助長行為及衝動的思考

「不要再讓他來了。」

「這麼愛現，好想叫他立刻出去。」

「以後有他在，我就不來了。」

①不是面對情況的合理健康思考，而是出現判斷扭曲的思考；②可能與和情緒表達一起出現的暴力行為有關。特別是在這種情況下，給對方的負面判斷標籤（Bad Naming）比正面判斷標籤影響更為強烈，更容易偏向負面思考。

例如，重要度相似的五個正面資訊和五個負面資訊同時存在時，我們會更加關注負面資訊，內心朝負面傾斜。這稱為「負面效應」（Negative Effect）。憤怒時腦海中迅速閃過的自動化思

考，就像電腦指令一樣支配著我們的一言一行。因此，**在感到不悅的情況下，確認腦中浮現的思考為何，其實是擺脫偏頗思考或調節怒氣的重要過程。**

「憤怒」有時會像不可捉摸的迷霧一樣出現，遮住我們的視線。而憤怒的背後往往存在「悲慘」、「悲傷」、「羞愧」、「疲憊」等更清楚具體的情緒。如同迷霧散去之後，就能清楚看見路一樣。因此，若能明確意識到自己的情緒，在感到不悅與痛苦的情況下，將擁有自我復原和找到生活良方解決的能力。

容易導致暴力行為的「憤怒」情緒，是我自己的。不是別人惹我憤怒，而是我自己在生氣。

唯有自己能夠承擔「憤怒」的情緒，我們才能更自由自在地生活。

連結對話練習

1 **分享最近略感不悅的事件（在此分享日常小事的處理，比分享大發脾氣的處理更具效果），寫下並分享無意識浮現腦中的自動化思考。**

2 **將當時感受到的情緒與重要需求相連結，識別找出後與夥伴分享。以下範例僅供參考，請根據自己的情況仔細討論。**

範例 孩子們喧嘩吵鬧。→疲累。→因為休息很重要。

認知憤怒的情緒與正確表達

為精確理解憤怒的情緒與進行正確的對話，認知到自己的無意識思考與行為，以及訓練有意識的計畫就變得非常重要。從現在開始，我們將試圖理解無意識的部分（下頁第2、3點），練習有意識的部分（下頁第4至7點）。過程中將藉由各個階段的覺察（意識），學習以更健康的方式表達憤怒的情緒。

認知的方法，就是每個階段在心理上保持距離檢視。「啊，發生過這樣的事情啊！」、「當時是那麼做的啊！」、「那時是這麼想的啊！」透過這樣的方式一一憶起發生在自己身上的事件、行為、想法、感覺、情緒、需要，並加以覺察。

1 重新認識當時憤怒的事件

媽媽生日前兩天晚上，我決定帶家人外出用餐，當時國二的兒子正在房間裡玩遊戲。我說要一起出去，他回答：「為什麼偏偏是現在啊？我才剛開始玩耶！我不去。今天又不是我生日。」聽見這話，我說：「全部的人都去，為什麼只有你不去。遊戲可以回來再玩。快出來啊！」雖然兒子還在嘟囔：「我和朋友都約好了！」但在我的強迫下只好跟著出門了。當然，那天晚上的氣氛很糟。兒子一句話也不說，只顧著吃飯。

2 認知到衝動行為

那天我向兒子咆哮，一手就按下電腦關機鍵。

3 認知到自動化思考

當時認為家庭聚餐很重要，做孫子的理應配合，所以兒子的嘟囔完全是沒有禮貌的行為。整頓晚餐期間，我都一直想往兒子的頭巴下去。

4 認知到身體感覺

用餐時一直覺得肚子脹氣、心臟狂跳、身體發熱，即使在冷氣房裡汗還是飆個不停。

5認知到情緒

憤怒，更精細地說，是心煩，對兒子感到悵然與失望。

6認知到核心需要

家人的生日是有意義的日子，所以想要一起慶祝，希望大家懷著喜悅的心情欣然參與。

7覺知到較佳計畫

其實，我後悔了。硬要帶兒子出門沒有任何意義。兒子後來告訴我，他用自己存的錢買了生日蛋糕要給奶奶，還寫了一張卡片。我覺得不如把孩子留在家，我們自己用完餐再回家一起吃蛋糕，度過愉快時光，或許會更好。再說，我也不想這樣強迫兒子。

與親近信任的人，比較容易一起進行這類練習。就算無法完全按照計畫練習，也較不會產生誤會；就算產生誤會，也比較有解開誤會的空間。因此，練習對話時，最好從與身邊珍愛之人相處的經驗或事件來著手練習。首先是親愛的人，然後是與較不熟的人。像這樣由近而遠、由親而疏，逐步擴大對話練習的對象，是較為適當的做法。

如前面範例所示，通過七種認識，從輕微事件練習，再擴大至嚴重事件，我們一起來練習認知情緒、調節情緒，以及滿足我們的願望。

「討厭的人：敵人」往往被認為是引發不悅情緒、特別是惹自己生氣的原因，可能較難同理他們。畢竟相較於面對自己珍愛的人，蘊藏於內心的情緒基本上是不同的。

練習 1

對討厭的人做負面評價，用一句話寫下對他的批評。

範例 「他都只顧自己，是個很自私的人。」

「他＿＿＿＿＿＿＿＿＿＿。」

不過，要與自己不對盤的人重新連結建立關係，就要先放下自己的情緒感受，這麼做絕對不會吃虧，因為自我覺察到事實更為重要。

如果我們無法理解自己的情緒來自哪個想法與需求，或者無法承擔其責任時，就是將處理情緒的控制權交給對方，而變得敵視對方、埋怨對方，關係從此開始決裂、變得痛苦。

要擺脫決裂與痛苦，首要之務是認知我們的情緒原因與責任，藉以重新拾回過去丟給對方的情緒控制權。因此，重新審視與傾聽自己的想法和情緒是必要的。

若是可以在腦中與心中保持距離，重新審視，我們就不會隨便生氣，而且能夠健康地表達自己的需要。此時，我們就會發現對方的需要、自己的需要，而不是對方的問題、自己的問題，進而開啟連結的循環。

※ 表達「憤怒」時，請謹記：

對方的過錯是什麼？↓對我來說，重要的是什麼？

練習 2

請寫下將對方視為問題時，我們認為重要的需要為何。

範例 我認為他的問題是只顧自己、很自私，而對我來說，重要的是能夠關懷對方，互相幫助。

↓我認為他的問題是＿＿＿＿＿＿，而對我來說，重要的是＿＿＿＿＿＿。

德國詩人兼作家萊納・瑪利亞・里爾克（Rainer Maria Rilke）❷曾說：「只要成功愛上彼此的距離，就能在穹蒼下各自看見對方的全部。」（If they succeed in loving the distance between them which makes it possible for each to see the other whole against the sky.）練習對話時，我想把這句話改為：「只要成功意識到腦中浮現的想法與內心感受情緒的距離，我們就能看見自己內在的全部。」

憤怒是，

1 願望受挫的信號

2 將自身情緒推卸給對方的信號

3 即將做出後悔言行的信號

4 將衝突化為機會的信號

❷萊納・瑪利亞・里爾克（Rainer Maria Rilke，一八七五～一九二六），德國詩人，除了創作德語詩歌外還撰寫小說、劇本以及一些雜文和法語詩歌。對於十九世紀末的詩歌體裁和風格以及歐洲頹廢派文學都有極深厚的影響。

1 重新認識事件：回想自己憤怒的具體事件，寫下經驗與夥伴分享。

2 認知衝動行為：仔細寫下當時是怎麼做的。

3 認知自動化思考：按照以下句型填寫，與夥伴分享想法。

①「你讓我＿＿＿＿＿＿（感受）。」

②「你當然應該＿＿＿＿＿（做法）。」

③「你不應該＿＿＿＿＿＿（做法）。」

④「我真想＿＿＿＿＿＿＿（做法）。」

4 認知身體感覺：分享一下有關身體的變化。

範例 心臟怦怦跳、冒汗等。

5 認知情緒：請參考「情緒感受分類一覽表」（第一〇七頁）找找看。

6 認知核心需要：請參考「需要分類一覽表」（第一三三頁）找找看。

7 覺知較佳計畫：寫下且分享如果下次重複出現相同情況，將如何訂定計畫。

清楚明白理由，再向對方提出請求

請託時

我們每個人都有想要的東西

表露自己的需求實在是很困難的一件事。從小就沒有人問過我：「你想要什麼？你認為自己需要什麼？」活到四十中旬才開始要認識自己的需要……

「就算覺察到自己的需要，又會有什麼不一樣呢？」

知道需要的話，感覺會加深挫折感，心理上反而更抗拒。此外，我從小就是個不太會表達自己的人，看到自我主張強烈、擅於說話的人，也不會不順眼。或許是因為自己已經習慣能忍則忍、默默堅持，甚至認為這樣更好。即使找出自己想要什麼，人生又無法事事都順自己的意，那何必強求呢？表現得精明自私，我反而會覺得不自在。

如果能夠專注在真心話，而非違心之論，讓彼此受傷的言語就會明顯減少。然而，韓國的上一輩，特別是中年男性，並不清楚自己真心想要什麼。無數前來諮商的四、五十歲男性，與他們一起尋找自身需求時，他們的臉上表情往往會變得像孩子一樣，甚至像這個學員一樣，一開始就表現出強烈的抗拒。

前來諮商的人都希望自己的生活有所變化。但希望自己生活有所變化的同時，又非常害怕這會讓自己的行為也產生改變。只要想到改變就覺得可怕，所以往往陷入按照過去生活方式就好的自我贊同心理狀態。即使是想要有所改變而來，在決定與練習改變行為的過程中，抗拒還是常常發生的事。此時，請先從微小的行為開始練習，建議與能夠輕鬆自在、得以信任的對象一起練習。

兒子自從上了高中後，就不太回覆我的KakaoTalk。但女朋友的訊息，他一定會立刻回覆。即使在家，也一整天拿著手機，那為什麼對我傳的訊息就不回答，想著想著，心情就變得很差。問他為什麼已讀不回，之後幾天他連訊息都不讀了。有一天，我終於對他發了脾氣：「喂！看到訊息時，請回一下好嗎？朋友的訊息，你全都回覆，為什麼就是不回爸爸的訊息？又不是不把爸爸放在眼裡。」兒子說：「啊，我不太用KakaoTalk，通常是用Messenger（聊天室）。而且訊息有讀就好，有必要全部都回覆嗎？」我們開始互相指責，直到兒子心不甘情不願地說：「好啦！我以後全部回覆總可以了吧。」最後對話才得以結束。

雖然得到我想要的結果，但心情上卻完全沒有如願以償的感覺。我的需求……究竟是什麼？我希望的是自己也能夠受到重視。但把這個說出來，實在很難為情，感覺很尷尬。我知道需要是與對方連結的重要因素，所以還是鼓起勇氣傳KakaoTalk訊息給兒子。

「爸爸昨天指責你，對不起。其實爸爸心裡有點不是滋味。兒子啊，爸爸也想像你的朋友一樣成為你身邊重要的人啊。」兒子馬上回覆：「爸爸，如果是那樣就直接說啊！下次我一定會立刻回覆。」同時還附上愛心的表情符號。

「如果不合適，就不用練習。但如果是難為情，就克服過去！」您在對話訓練中的鼓勵，成為了一股力量。

「早說嘛……」

請各位記住這句話。這是我們的核心需要之所以成為對方禮物的理由。表達請求行為背後隱藏的自身需要，能夠讓對方清楚地理解我們。原來我們一直以來總是沒把話說出來，卻希望對方能夠理解自己、照著我們的心願去做。請務必記住，要對方揣摩我們的心思去做是件多麼困難的事。也請大家謹記，要讓能夠相互理解的對話得以開始，關鍵正是在於表露出我們的需要。

透過請求，我們可以體驗到深度連結的關係。請求不是暴露自己的無能，有時是送給對方一個發揮本性的機會，因為人原本就有想為他人運用自己能力的需求。

向某人提出請求時，對方就能夠體驗到幫助我們的喜悅，我們則成為被援助的受惠者。請求的結果，並非一種欠人情的心理，認為對方在時間與物質上承受損失而自己從中獲利，反而是一段能夠對雙方有所助益的珍貴關係。根據研究，「社會支持」（Social Support）❸是影響心理健康的重要變數之一。社會支持系統高的人，也就是擁有能夠支持自己社會關係的人，比社會支持系統低的人更健康、更幸福。而提高社會支持系統的方法之一，便是透過請求相互協助。若是能夠相互請求，彼此在關係上產生連結感，從而得以建立起社會支持的堅實關係。

理解為何想要

1 認識核心需要

需要＝深層認識「為何想要」（WHY）

我們通常都會依習慣行事或囿於自己的對錯判斷，所以在日常行為中，很難回答出為什麼要做這件事。若是聽到諸如此類的提問，一般都會回答：「這是我必須做的啊！我不做，誰做？大

❸ 社會支持（social support），是心理學術語，指個人可以感受、察覺或接受到來自他人的關心或協助。

家不都是這樣嗎？」

然而，我們擁有可以在自由意志下做選擇的權利，因此，我們得以在生活的每一瞬間，覺察到自己為何有這個行為，而且這種覺察能力還能提升對工作的投入以及效率，享受到最佳結果與幸福的滋味。

絕大多數的情況下，早上我們睜開眼睛時，不會去想：「我今天想要什麼？」「今天要做什麼樣的選擇？」通常都是拿起手機查看行事曆，然後想著：「今天的要做的事有哪些？」習慣性地沖澡、簡單吃點東西、去學校或公司、帶孩子準備上學或打掃等等。你曾經深入想過為什麼要做這一切嗎？

而這種習慣性的生活態度會原封不動地融入對話，表現在對話中。現在想想，你是否事事都與無精打采的人對話？如果老師問班上學生為什麼學習，學生回答：「就是應該這樣啊！」父母問子女假日想去哪裡，子女回答：「我不喜歡自己想。」主管問部屬有沒有好點子，部屬說：「請組長直接決定，我會按照您的指示去做。」如果部屬問主管為什麼要做這個計畫，主管說：「就按照指示去做，我也是受上級指示的。」

原來，**我們沒有認知到自己的核心需要，卻煩惱要做什麼。然而，如果試著認知為什麼要這**

樣做的理由，也就是「需要」，我們就可以更容易選擇做或不做原本無意識下的行為。

連結對話練習

1 找出下列行為的理由，也就是想要滿足的核心需要為何，與夥伴討論分享彼此的異同。

範例

「為什麼要學習？」

→「我喜歡認識與發現新知。」（發現、刺激、趣味）

→「如果我學習，可以用知識幫助別人。」（協助、貢獻）

範例

「為什麼要工作？」

「為什麼在那家公司上班？」

「為什麼與不想看到的人見面？」

「為什麼想離婚？」

「為什麼要抽菸？」

「如果你一年旅行三次以上，理由是什麼？」

「為什麼逢年過節要回父母家去？」

2 寫下日常生活中理所當然的事，找出且寫下想要滿足的核心需要（至少一個以上）。

範例 應該做的事情：即使孩子不喜歡，我身為媽媽，當然還是會準備早餐。

想要滿足的核心需要：照顧孩子健康的需要、媽媽的責任、安心。

3 寫下日常生活中理所當然的事，找出且寫下未被滿足的核心需要（至少一個以上）。

範例 每個月去參加孩子班級家長的聚會。

未被滿足的核心需要：無法滿足個人時間需求、缺乏真誠溝通、無法舒適自在。

---

2 彈性

要求＝如何滿足需要（HOW）

從待辦事項裡頭找出被滿足的核心需要，原本基於義務而做的事，就會變得有所不同、更具意義，很可能會從「勉強為之」轉換為「欣然而行」。

「我正在寫對話訓練書的稿子。」

寫稿時的自動化思考：「這要什麼時候才能全部寫完？雖然累，還是要寫……」

寫稿滿足的核心需要：想要幫助有意學習對話者的需要、想要與他人分享對話訓練經驗且獲

得認可的需要、讓社會變平和的需要

發現與認識核心需要的訓練，會帶給我們活力，激發我們想要做某件事的動機和熱情。尋找核心需要時，有時可能會遇到單憑己力也無法充分滿足需要的情形，此時就要向他人請求協助，結果，需要成為提出請求的最主要理由。這類基於行為的要求事項，成為達成需要的一種方法。同時，**對於核心需要的認知愈明確，行為方面的要求事項就可能愈多樣且富創意。**

我們之前學過如何區分請求與強迫。強迫的最大特色是僵化，而請求的最大特色是彈性。仔細想想就知道，在強迫的情況，說話者會一味使用特定方法，要求對方行動。

「立刻去吃飯。」→吃飯或不吃飯，二擇一

在強迫的情況，對話中不會包含說話者的核心需要，也不允許對方拒絕。反之，請求的情況會表露說話者的需要，對於對方的拒絕也持開放態度。換句話說，即使對方拒絕，也接受以其他方法滿足我們需要的各種可能性。這指的是只要需要得以滿足，就能接受其他方法的心理彈性。我們先來進行這方面的相關練習，至於拒絕與替代方案的學習，將會在下一章中詳細說明。

連結對話練習

1 選一個「需要」的詞彙（參考第一三三頁的表格），寫下不用他人協助就能滿足的方法，與夥伴對話討論。

範例 學習：每天早上獨自在語言學習網站聆聽十分鐘的英語會話，並且跟著唸。

2 請寫下為滿足需要而接受他人協助的各種方法，與夥伴對話討論，或者與夥伴一起集思廣益。

範例 學習：拜託英語好的朋友，都用英語與我對話。

請求的類型

請求是為了滿足核心需要，進而合理解決問題的請託過程。那麼，為確認自己的話是否準確傳達，需提出①**反映請求**；為透過提問理解對方的其他想法，需要提出②**意見請求**；為滿足自身需要而請對方協助時，則需提出包含具體行為與要求的③**行動請求**。以下我們就來學習各式各樣的請求方式。請切記，請求的目的是「解決相互理解的問題」。

1反映請求：重點在確認
↓請求複述說話者的核心需要

當我想確認對方是否確實理解我認為重要的事情時，這類型的請求效果最為顯著。

我們在說話時，經常會認為對方已經仔細聆聽，不用再好好確認。然而，依我們做過的練習，要如實反映彼此說過的話時，有時會說出截然不同的話，而且錯過中間重要部分而請說話者再說一次的情形也常常發生。如果對方無法正確聽取請求者的話語，也很難期待他會為你有所行動。因此，即使不是每次，但在說真正重要的話語時，務必請求對方「複述」，確認對方是否正確聽取。若要避免誤會，明確處理事情，將句尾置換成反映請求是相當重要的。

・**主管對部屬說：**

「了解了吧？聽懂了吧？」↓「說說看剛才我說什麼很重要？」

・**父母對子女說：**

「別讓我再說第二次。」↓「說說看媽媽為什麼要說這些話？」

練習 1

請與夥伴討論看看，在什麼情況下必須提出反映請求。

經過我長期觀察，這種方式在重要談話或想向對方精確傳達心意時，會比隨時使用更具效果。雖然文字對話時不需要，但直接面對面，帶著溫和表情說出來時，效果很好。此外，在調解的情況下，讓人能夠反映且說出彼此的需要，對和解有莫大幫助。

2 意見請求：重點在理解

↓請求聽話者告知有無意見

當你想要了解對方心理或對其想法感到好奇時，這是向對方請求告知意見的形式。即使經歷相同事件，每個人都有各自不同的價值觀和需求，這是能夠增進相互理解、以靈活多樣方式引導對話的有效請求方法。

- **主管對部屬說：**

「了解了吧？聽懂了吧？」↓「但我想聽聽朴科長的意見再做決定，怎麼樣？」

- **父母對子女說：**

「別讓我再說第二次。」↓「我想知道你為什麼好幾次都不寫作業，你能說說看你的想法嗎？」

練習 2

請與夥伴討論看看，在什麼情況下必須提出意見請求。

重在理解的請求，是得以理解對方想法與情況的有效過程，也是朝向良好解決的過程。如果對方收到歡迎表達自我意見的信號，接著可能會有發言的舉動，更容易在自由氛圍下提供其他意見。由於創造力源自安穩的心理，以這種方式請求，可以理解對方的不同意見、不同需要和不同的價值觀，所以十分有用。

3 行為請求：重點在清楚明瞭

→具體請求希望對方為自己做某件事

這是為了滿足自己的核心需要而請對方協助時，鄭重提出具體要求事項的請求形式。

- **主管對部屬說：**

「理解了吧？聽懂了吧？」→「我們開會時，最好用筆記本或手機備忘錄做記錄，互相確認後再行動，怎麼樣？」

・父母對子女說：

「別讓我再說第二次。」→「昨天沒做完的作業，要不要來媽媽旁邊寫啊？不懂的地方，媽媽可以馬上教你，怎麼樣？」

練習 3

請與夥伴討論看看，在什麼情況下必須提出行為請求。

行為請求，務必具體說出對方做什麼對彼此有益。

行為請求要注意的一點是，為了不讓對方聽起來像是強迫，必須向對方說：「這是請求，所以歡迎提出不同意見」或讓對方安心。如果平時原本是強迫的關係，即使練習對話且改變話語，任何話聽起來都還是如同強迫。

請求＝核心需要＋要求事項

1 想要提高執行力時

提出包含「核心需要」的請求固然重要，但若只強調需要時，有時對方會不知道該在哪裡提供怎樣的協助而感到為難，甚至可能被迫聽從。因此，關於請求，必須思考以下兩點：

①有要求的意圖，還是有強迫的意圖？

②是包含核心需要和適當要求事項的請求嗎？

「我好鬱悶，快想點辦法吧。」

「我想玩得開心點。」

這種只含情緒或需要的請求，並不是給予對方協助我的機會，反而可能會讓對方感到驚慌與為難。因此，請求中必須包含「要求事項」。要求事項是為了讓對方更容易、更有效地幫助我。表達中包含具體正面的要求事項，能夠提升對方協助我們的可能性。紐約大學心理學教授彼得・戈維哲（Peter Gollwitzer）❹在假期開始前，分別給學生們出了簡單與困難的任務，他請A

❹彼得・戈維哲（Peter Gollwitzer），紐約大學心理學系的德國心理學教授，其研究重點是目標和計畫如何影響認知、情感和行為。

組學生寫下何時、何地、如何處理這些任務，對B組學生則沒有要求具體內容。假期結束之後，從任務執行的結果來看，A組完成困難任務的機率是三分之二，而B組只有四分之一完成困難任務。就像戈維哲一邊告訴學生任務，一邊請他們寫下具體內容一樣，**如果我們向某人請求時，得以明確告知要求事項，對方立刻就能判斷自己是否幫得上忙。而且，如果決定幫忙，也會更容易處理。**

2 想要停止令人不舒服的行為時

但是，在必須請求停止讓我們感到不舒服的行為時，我們習慣上都會先指出對方令自己不舒服的行為。

「別那麼大聲吵人。」

「不要遲到了。」

在這種情況下，對方會認為受到指責，反抗心理勝於配合請求，反而會抗拒請求。（在塔伊費爾矩陣中，將對方視為他者或敵方的可能性增大，請參考第一四五頁）

如果請求的語言是以正面具體的方式表達，對方愈可能接受，並將我們的要求事項視為「協助」與「幫忙」。

「你可以把音量調降兩格嗎？」

「你能早來十分鐘嗎？」

如果請求包含了核心需要和要求事項，便能夠成為彼此互助的深厚關係。請求不是只為自己，而是向對方提供機會滿足其協助和貢獻需要的方法。

練習說出自己真正想要的

向對方提出行為請求時，務必記得一點：「這是為了滿足我的核心需要。」仔細想想看，幾乎沒有人會期望對方面對自己的需要，是出於義務感或勉為其難地幫忙，應該都是希望對方真心樂意為我們做點什麼。愈是這樣，愈有必要認知到我們的請求終究是「為了滿足自己的核心需要而請託對方做出具體行動」。所以，對方是為了我的需要，自己費時費力用心去完成的。

那麼，我們要以何種心理提出請求，才能讓對方更願意幫忙呢？那就是尊重與謙虛的態度。練習時請記得，請求是抱持尊重與謙虛的態度，為滿足需要所願而尋求對方的協助。

如果想要協助、好好指導從不發表個人意見、表現消極的部屬，可以用什麼方法請求呢？

1認知核心需要——取代手段、方法

「講話大聲一點。」→「（包括協助・教導）我想稍微幫你一下。」

2具體表達——取代模糊表達

「如果有困難，隨時可以來找我。」→「週一、週三中午可以一起吃飯。」

3使用正面詞語——取代負面詞語

「別悶不吭聲、鑽牛角尖。」→「開會時，希望你可以說出自己的想法。」

4考慮實現可能性——取代自私要求

「下週跟經理開會時，由你全權負責主持。」→「下回跟我一起開會時，你來主持吧。」

5用疑問句收尾並接受拒絕——取代句號和強迫

「就這樣說定了。」→「你認為如何？」

→完成的請求話語變成：

「朴股長，我觀察了很久，你好像沒有在開會時發言過。我想幫點忙，如果工作中有話想私下說，週一、週三中午我有時間，可以來找我。還有，下次跟我一起開會時，希望朴股長可以一邊練習主持，一邊交流想法，你覺得如何？」

※等等！請求 vs 指示

一般認為，在組織團體或家庭裡，請求是不切實際的。為什麼呢？因為那裡面有權威，存在著系統與認可，決策會隨之變化，自我決定權也有所不同。此外，在組織團體中還常伴隨必須明確引導往某個方向。在家庭中也是，若關係到子女安全而需加以保護時，果斷明確的指示表達是必要的。

那要如何具體表達指示呢？在前面的請求過程中，第五點（疑問句、開放式結果）除外，只要表達第一至四點（認知到需要，以及表達→具體、實現可能性、使用正面詞語的要求事項傳達），就能做出明確指示。但請記住，指示與強迫有著顯著差異。如前所述，強迫源自暴力意志，即使觸動恐懼、羞恥心、罪惡感也要強迫他人屈從，若不屈從，甚至使用暴力，無視對方需要而採取強制行動。

指示的範例

「朴股長，我觀察了很久，你好像沒有在開會時發言過。我想幫點忙，如果工作中有話想私下說，週一、週三中午我有時間，可以來找我。還有，下次跟我一起開會時，希望朴股長可以一邊練習主持，一邊交流想法。我們在下週二上午九點前一起準備好。」

其他指示範例

「我們開會時，用筆記本或手機備忘錄做記錄，再互相確認吧！」

「安全很重要，不能給小孩危險的玩具。拿安全的玩具來吧！」

連結對話練習

練習行動請求。

- 情況

1 認知核心需要：請參考「需要分類一覽表」（第一三三頁），先寫下需要詞彙。

核心需要：

2 具體表達（取代模糊表達）

3 使用正面詞語（取代負面詞語）

4 考慮實現可能性（取代自私要求）

5 用疑問句收尾並接受拒絕（取代強迫）

● 完成的請求話語

※對著夥伴說說看，請他聽完後，回饋聽起來的感受。

範例 「聽起來是強迫。因為聲音太大聲、太強硬。如果一開始先說：『我有個請求。』聽起來會比較溫和一點。」

範例 「聽起來是請求。而且這樣聽起來，一般情形下都會真的想幫忙，要拒絕也感到自在。尤其是把需要說出來，有其他方法也能提出來，感覺不錯。」

歉疚時

向對方坦承悔意並改變行為

不道歉的兩種慣性選擇

我離婚時，真的犯了很多錯誤。尤其是對孩子的爸，不知道咒罵過多少回。無處傾訴自己當時經歷的委屈，連睡到一半也會怒火中燒，得猛然起身狂灌冷水。甚至有時候還把睡著的孩子叫醒，跟他們說：「如果爸爸打電話來，你們該怎麼辦呢？」、「不要見他，回家來。」、「對！就是這樣，知道嗎？」而且，我經常要孩子們坐下來，聽我破口大罵他們的爸爸。

那年冬天，孩子們上小學四年級和六年級。十二月二十三日晚上，我離家出走了。因為完全無法待在家裡，所以把孩子獨自留在家裡，第二天才回來，也沒有為孩子們另外準備食物，逕自拋下他們離開，我都覺得自己應該受到懲罰，但我從未向孩子們道歉，這一切的罪魁禍首、讓我飽受折磨的那個人，就是我的前夫，所有的理由與罪惡感，全都推到他身上。現在孩子們都大了，有時沒發生什麼事也會對我大發雷霆。我知道，孩子們心裡有什麼東西正在慢慢滋長。即便如此，我們全都對那部分避而不談。其實我不知道該怎麼辦。現在孩子們對我發脾氣時，我會回說：「這是我的錯嗎？是你們爸爸害的吧！」我不承認是自己的行為導致。

心中歉意的密度與濃度愈高，愈難說出口。儘管有時候感到非常抱歉，但只能用眼淚與沉默硬撐著，那句話終究還是無法說出口。害怕道歉的話說得太輕率，反而給對方更大的傷害。這種罪惡感我們通常會如何處理呢？

1 自我欺騙

人不是完美的，有時候會做出不該做的行為，說出不該說的話。有些話脫口而出，之後回想起來，心裡都會感到擔憂、害怕、鬱悶。同樣地，發生衝突時，我們往往會習慣性地用脫口而出的言行來解決。過程中，內心雖然後悔，卻又馬上想要合理化，擺脫彆扭的心情，從而陷入自我欺騙。

自我欺騙是什麼？

有一個常用的詞語，所謂的「認知失調」（Cognitive Dissonance），是吧？認知失調是很適合用來說明人類合理化的概念。想法和實際行為之間產生不一致時，已經犯下的行為既然無法改變，所以會試圖將想法改成與先前發生的實際行為一致，減少失調。在此過程中，有時會自己騙自己，合理化自己。

令人後悔的話說出口時，我們內心有專屬的道德良知聲音，會對該行為嚴格批評。但很快地，這種良知的聲音會遭到背棄，內心罪惡感油然而生，但罪惡感又馬上被「那樣做是理所當然的」、「這也是沒有辦法」的自我合理化掩蓋。這種自我欺騙的過程會導致關係決裂，受害者會覺得憤怒和委屈。

自我欺騙情況的發展

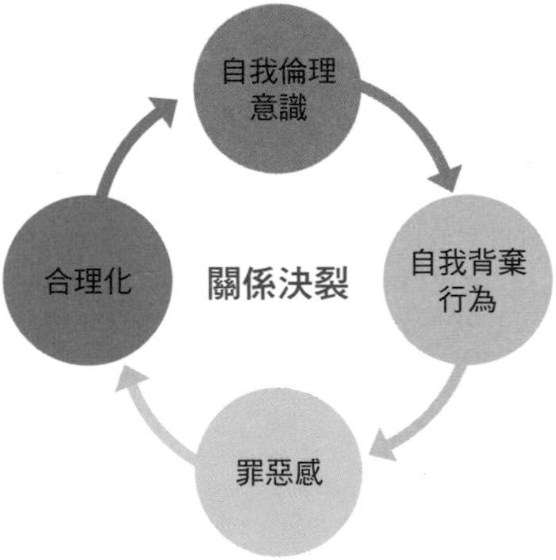

連結對話練習

分享一下最近陷入自我欺騙與合理化的經驗。

參考範例，然後寫下自己的例子，與夥伴一起分享討論。

※如果是獨自練習，自己想一想，寫下來練習就可以了。

1 寫下情況

範例 上完夜班搭乘捷運時，只剩下一個座位，我趕緊坐下。想要小睡一下，所以整理好隨身物品後打算閉上眼睛，但在下一站，一位看起來行動確實困難的超高齡老奶奶偏偏站到我的面前。

2 自我道德意識

範例 「看到行動困難的老人，應該讓座或給予協助。」

3 自我背棄行為

範例 我只是閉著眼睛裝睡。

4 罪惡感

範例 不從座位站起來的話，心裡會感到抱歉……

5 合理化行為

範例 瞇眼尋找年紀比我還小的人。然後想著：「我今天真的很累，站不起來。平時我就會起來讓座。不過，那個學生看起來好端端的，為什麼不起來讓座啊？」

2 自我指責

從我工作開始到現在，每次升遷都有我的份。但是我卻完全沒有自信。簡單來說，我一直認為自己不值得信賴。小時候在田裡玩的記憶一直影響著我。那一天，與朋友們一起玩耍時，有人帶了一個非常昂貴的玩具，那是我們很難得見到的，因此每個人輪流玩。傍晚太陽下山時，那個玩具卻不見了，沒有人承認是自己弄丟的。最後一名善良又很愛笑、常被大家捉弄說像個傻瓜的朋友被冠上了所有罪責，獨自留在黑漆漆的田裡哭著尋找玩具。其實，那個玩具是我弄丟的，我玩著玩著，不小心掉在水溝裡被水沖走，撿不回來了。

直到現在，我都不曾向朋友們吐實，而那個被誣指為犯人的朋友持續遭到霸凌般的嘲弄。他那膽怯的模樣，一直深印在我的心裡。只要想起那段回憶，我就覺得慚愧，覺得自己是個壞孩子。長大後，每次得到認可時，心中就會出現這樣的念頭：「我沒有資格得到大家的認可。」而這還是我第一次向人坦白這件事。

自我有幾個聲音：

①想要隨心所欲的**衝動聲音**，

②非常嚴格的**道德聲音**，

③調解這兩種聲音的**合理聲音**。

上述案例的主角，內心長期存在非常嚴格的道德聲音。事實上，在坦白當天，他羞愧到覺得彷彿自己的衣服被一一剝光，大汗淋漓，滿臉通紅。從第三者的立場來看，聽到這番話會想不通：「小時候的事到現在還那樣想，真是特別。」然而，每個人都活在自己深藏的大大小小祕密裡。而且有時候，這些事在截然不同的情況下，會成為塑造完全無法預料的對話素材。如果內心存在過於嚴格的道德聲音持續說話，我們會對自己感到不滿意，變得過度指責自己、不愛自己。所以有的人無法將後悔的事坦白一吐而空時，就會持續在內心浮現，自己製造痛苦。心理學將這種行為稱為「反芻思考」（Rumination）。持續的反芻思考也是判斷憂鬱症的最強力要素之一。**反芻思考某事，越過反芻思考之路，但不可僅止於反芻思考。讓我們透過對話，歷經反芻思考，勇敢坦白，達成改變。**

連結對話練習

規則

聆聽時不做任何建議，靜默聆聽。

練習

回想一下曾經長期或長久以來受罪惡感折磨的事件，嘗試向夥伴坦白。什麼是留在心中最讓你後悔的事？

面對罪惡感

1目的在於恢復人性

「說對不起，真的有這麼難嗎？」

我總是如此對媽媽說。媽媽從來都不承認自己的錯誤。媽媽是人，也會犯錯，我從未冀望媽媽是完美的。隨著成長，我也稍微開始理解媽媽。但我還是認為，即使是父母，該道歉的還是要道歉。我對媽媽說：「媽媽，有錯就道歉吧！」媽媽立刻發火。「我為你做了這麼多，一點芝麻小事就要找我的碴。」她總是會愈說愈生氣，所以我和弟弟早就放棄了。但偶爾聽到這樣的話，心裡還是會冒出火氣。我活了二十幾年，從來沒有聽過媽媽說：「對不起！」媽媽很完美嗎？並沒有。媽媽總是要聽到我們認錯才會消氣，但實際上自己卻從不曾向人道歉，我認為媽媽才是最不成熟的人。有一次，我和媽媽還為這事大吵一架，好幾天沒回家。某一天，媽媽要我跟她一起去參加三天兩夜的療癒營。我根本不想去，但還是被強迫一起去。第二天媽媽站起來開始唸她自己寫的信，裡面有一段話：

「我在二十四歲時生下了大女兒，在什麼都不懂的狀態下成為媽媽。被這樣的母親撫養長大，我的女兒吃了不少苦。見到她一而再、再而三地忍耐讓步，我在心裡說了無數次的抱歉。但那些話為什麼那麼難說出口，最後我要這樣說：對不起，我的女兒。」

我當場開始嗚咽……哭到無法自己。因為那句話，我感覺一切都融化了。

處理罪惡感的聰明方式是以三種價值為目的：恢復人性的真誠、相互尊重與信任。為了這些目的，我們必須進行對話。

對於後悔的事件：

①是自己的責任時，對於過程與結果堅定道歉，或

②承認解決過程中的自身言行。

許多人因為自尊心的緣故，不願意開口道歉，覺得說對不起多少有點窩囊，即使後悔也不願表達出來。也許是將精力耗費在自我指責或合理化上，因此切斷了與自身良知的連結。結果一段寶貴的關係很可能以悲劇收場。但是，真正的自尊心不就是我們努力糾正行為錯誤，認可自己的珍貴行為嗎？真心傳達的「對不起」，這麼一句話就擁有能夠融化人心的巨大力量。

2目的在於理解對方的情緒時間

解除婚約之後，我開始覺得自己真的涉世未深。我很認真得生活，有一份好工作，身體也很

健康。小時候，我從未想過沒有母親、與父親一起生活會成為婚姻的障礙。「雖然沒有媽媽長大不是罪過，但我們家無法接受沒有媽媽的媳婦。」對方父母對我說這番話時，我非常憤怒，自尊心受到傷害。而且最重要的是，面對沒有再婚而獨自撫養我長大成人的父親，我感到非常抱歉，所以決定分手，頭也不回。男方父母到最後都沒有向我道歉。那是四年前的事了，直到現在，心裡依然很難受。雖然不想承認，但只要想到要認識新的人與結婚，就十分擔心，沒有自信。明明那是過去的事情，還是影響著我的現在，甚至是我對未來的想法……

古希臘用兩個神祇來定義時間：物理面的時間流柯羅諾斯（Chronos）和情緒面的時間流凱羅斯（Kairos）。如果說柯羅諾斯意味著物理時間本身，凱羅斯則意味著人生的特定瞬間。

上述案例的學員曾經說過，人生中最受傷的事件就是解除婚約，當時正在討論道歉為何重要時，讓這個學員留下傷痛的對方父母，忽視了人類天賦「人生時間——凱羅斯」的重要性。

為什麼要道歉？

因為一句話、一個不經思考的行為，可能會阻礙對方好好地活在當下。對於當事人來說，過去事件中受到的傷害仍然存在，至今依然影響著他們。

當然，也有人與過去的傷口一刀兩斷，不再承受二度痛苦。雖然那樣做的確是很勇敢的選擇，但在與珍視的人和家庭關係中遭受的創傷，非常可能會遭到情緒時間禁錮而停留在過去的那個時間。理解到自己的言行可能使一個人停滯在過去，而無法好好地活在當下，我們也會更加謹言慎行吧！

不過，有時在無意中也可能造成他人傷害與蒙受他人傷害，所以我們能夠做的另一個努力，就是真心地向那個人道歉。因此，為了讓那個人健康地活在當下，而不是被我們造成的傷害絆倒困在昔日時光，這是我們必須做的。每個人在生與死之間都有時間。雖然時間長短無法預測，但肯定的是，人生時間有限。想到有人因為我而無法活在當下，煎熬地困在舊日時光裡，這著實是巨大的痛苦。以這種方式來理解時間的概念，已足以作為我們必須道歉的理由。

現在，讓我們來練習真心誠意、平心靜氣地表白歉意吧！

真心誠意表白內心歉疚

1 用觀察方式描述與表白後悔言行

感到抱歉或後悔時，必須能夠如實回憶自己所做的行為。如果一開始只是含糊其詞，或者把事情說得像是無關緊要，對方會從對話開始就產生反感。雖然在如實回想事情時，很可能會因為無法按照自己理想的樣貌進行而感到彆扭不自在。不過，在進行調解或互相致歉的場合實際對話時，可以發現加害立場者在真實表現自身行為時，被害立場者會側耳傾聽。雖然瞬間可能想起當時的情緒而更加憤怒，但他們在加害者（或說話者）真心誠意時會聆聽到最後，這一點請務必謹記在心。

下面介紹幾個用觀察方式來描述與表白後悔言行的範例：

- 「我有時候會向媽媽大發脾氣。即使是根本不需要生氣的事，一旦精神狀態不佳，就會開始**胡言亂語**。」

↓「請把胡言亂語說得更具體一點，按照你說過的話直接表達。」

我很後悔自己說：「**你這樣也算是媽媽嗎？妳有這個資格嗎？**」

- 「昨天我不自覺地向部屬大吼大叫，**說了過分的話**。」

↓「請把過分的話說得更具體一點，按照你說過的話直接表達。」

我真的很後悔自己說：「**喂，你立刻滾出這個辦公室！**」

• 「昨天我把孩子的東西隨便亂丟。」

→「請把隨便亂丟表達得更具體一點。」

「我把孩子喜歡的**玩偶剪爛，丟進垃圾桶**。」我非常後悔。

• 「上星期，我**頂撞**父母親，然後就回家。」

→「請把頂撞表達得更具體一點。」

我非常後悔自己說：「**我不會再來這個家，從此斷絕關係。**」然後碰一聲把門關上就走出來。

練習 1

請各位也寫下曾向對方說過的後悔話語或具體行為，然後與夥伴互相分享。

範例 後悔的話語與行為：我非常後悔自己說：「真不知道我怎麼會生出你這樣的孩子。要做這種事的話，你就離開這個家！」而且還把孩子的衣服、包包扔到房子外面。

2 寫下並說出發自內心的嚴格道德良知

建議你自己寫下嚴格的道德良知。因為同樣的話語，如果是別人對我說，在聽到話語的瞬間，很容易產生防禦心理。我們在某種程度上都擁有能夠自我訓斥的良知。而且，這種自我評價（Self Evaluation）很安全，可以完全誠實地寫下來。正因為有這樣的道德良知聲音，我們才能在與他人的關係中感受到實際存在的罪惡感，接收到得以恢復人性的信號。

萬一我們的內心不存在道德良知聲音，我們的關係豈不是會變得非常暴力？因此，不要迴避這樣的聲音，只要誠實寫下來，就能發現我們遺漏的重要核心需要。請謹記，尋找這些核心需要是向對方表白歉意時最重要的訊息。

練習 2

請各自寫下發自內心的嚴格道德良知，然後與夥伴一起分享。

範例

「那是身為媽媽該對孩子說的話嗎？

孩子會有多麼受傷。妳換個立場想想。聽到那樣的話，妳的心情如何。那樣意氣用事有什麼好處。孩子功課會變好嗎？結果無法如妳所願，這種不經思考的行為又不只一兩次。妳沒有當父母的資格。連自己的情緒都控制不好。」

3 找找看隱藏在道德良知中「重要的核心需要和情緒」

- 「我不應該打孩子。」

↓「本來想保護孩子安全，但很抱歉沒能做到。」

- 「我不應該在人們面前指責隊員。」

↓「本來尊重隊員是必要的，我很後悔沒能做到。」

- 「身為父母，卻不會賺錢又沒能力。」

↓「我想提供孩子豐富的支援，覺得很遺憾。」

- 「我藐視學生，沒有資格當老師。」

↓「我想用尊重的態度指導孩子們，但沒能做好，心裡悶得發慌。」

- 「我是個混帳，居然心裡希望媽媽死掉。」

↓「雖然有時候討厭媽媽，但很想愛她、尊重她，沒有做到這樣，我感到非常抱歉。」

在自我督促與指導的嚴格聲音中，隱藏著想要在生活中維持人性的重要核心需要。找出需要，告訴對方，才是正確的道歉形式。各位，當你有罪惡感時，不要迴避你對自己發出的強烈嚴格聲音，請誠實寫下來。但不要只相信嚴格良知的聲音而討厭自己。合理化當時的言行，理解自己、原諒自己，此一過程是絕對必要的。因為無法寬容對待自己，就無法寬容對待對方。關於自我原諒，曾經提及自我慈悲（Self-Compassion）的心理學家克莉絲汀・聶夫（Kristin Neff）❺表示：「真正的自我慈悲是不嚴格地指責自己沒有達到目標或標準。」這並不代表我們會迴避或不修正自己的錯誤或疏失，而是意味著適當與健康行為會得到溫暖的支持和鼓勵。請自行寫下道德良知的聲音，一句一句找出各位遺漏的重要核心需要。這項努力在表白後悔的方法中最為重要。

練習3

透過道德良知的聲音發出的信號，找找看「我們自己認為重要的核心需要」，同時也找出我們的情緒。

範例 「孩子會有多受傷。妳換個立場想想。那些話真的是為了孩子嗎？」↓對孩子的尊重

❺ 克莉絲汀・聶夫（Kristin Neff），美國德州奧斯汀大學教育心理系副教授，自我關懷研究領域的先驅。二〇〇三年創建自我關懷量表，以此為工具進行廣泛而深入的研究，證實自我關懷能對個體心理健康和幸福有正面的影響。

「那樣意氣用事有什麼好處。孩子功課會變好嗎？結果無法如妳所願，這種不經思考的行為又不只一兩次。妳沒有當父母的資格。連自己的情緒都控制不好。」
↓懂得處理情緒的能力、能夠平心靜氣地溝通

核心需要：
我想尊重子女、處理好自己的情緒、與孩子對話，但沒能做到。

情緒：
所以現在心裡非常後悔，對自己感到羞愧。

4 認知當時藉該行為想滿足的核心需要和情緒（找出當時那樣做的理由）

人的言行，無論暴力或非暴力，都是為了滿足某種核心需要而費盡心力的過程。原諒自己有其必要，而方法是超越行為對錯的評斷，認識原本所想滿足的需要和情緒。像這樣視自己為凡夫俗子，將一切遺憾或後悔的經驗視為人生自然都會經歷的部分，不僅能夠促進自己與自身的連結，也能促進與他人的連結。停止自責或怨恨自己，努力深化同理才是能夠激勵與增進我們的健

康行為。經歷這個過程之後，就能看見自己迴避或忽視的模樣，清楚整理出自己為何做出該選擇、為何對那件事感到自責的心理。

練習 4

從當時的言行找出「自己原本想要滿足的核心需要」，同時也感受看看當時的情緒。

範例 知道孩子沒去補習，而是跑去投幣式KTV，當時又擔憂又心煩。——鬱悶、心煩（情緒）

因為我想要安心，看到身為應考生的孩子自動自發學習的模樣。——安心、信任（核心需要）

5 訂定言行改變計畫或提出請託

為了改變行為而需要協助的瞬間，請鼓起勇氣說出來。當我們指責自己時，很難向人提出請託，但是如果可以原諒自己當時的行為，認識到自己真正想要的需要為何（也就是如果能夠理解自己和原諒自己），就會為了讓行為有所改變而願意提出協助請求。此外，這不是根據他人的評斷行事，而是基於想要活得像人的內在需要，培養自己改變的力量，活出更成熟的人生。坦白內心歉疚的最後階段是不再重蹈覆轍，訂定與實踐新的行為計畫。

①可以自行訂定自己專屬的規則；

②亦可詢問道歉對象希望自己怎麼做；

③亦可向第三方請求協助。

如果是看到應考生孩子去ＫＴＶ的媽媽，可以嘗試執行以下三種終極方法：

①個人計畫：先去陽臺深呼吸六次以上再說話。

②與對方討論：詢問下次又發生這種情形時，希望媽媽如何協助。

③團體或第三方：打電話給補習班老師，詢問孩子最近是否發生什麼事。或者請託老師代為安慰與指導。

練習 5

關於自身言行，訂定言行改變計畫或提出請託。從後悔的事情中學習（與對方說話方法的建議）

1 說說看感到後悔的具體事件。

2 寫下發自內心的嚴格良知聲音。

3 隱藏在道德良知聲音中的「我認為重要的核心需要」為何？感受到「什麼樣的情緒」？——請參考「想法—情緒感受—需要一覽表」（第一二七頁）

4 當時那樣的行為中，「我當時原本想要的核心需要」為何，感受到「什麼樣的情緒」？——請參照「想法—情緒—需要一覽表」（第一二七頁）

5 關於自身行為，下次的改變計畫和請求約定：

①寫下自己的計畫。

②詢問對方希望的行為。

③向團體或第三方提出請託。

擺脫自身想法，專注於對方的痛苦點

1 回想現在感到後悔的過去事件，寫下具體的觀察。然後，嘗試向夥伴說明該事件。

※規則：保持靜默，彼此傾聽

2 現在，寫下自己評斷該事件的道德良知聲音。

3 發現隱藏在道德良知聲音中的「我認為重要的核心需要」，以及現在的情緒感受。

——核心需要：

——情緒感受：

4 從當時的行為中，理解「我原本想要的核心需要和當時的情緒」。

——核心需要：

——情緒感受：

5 關於自身行為，我的改變計畫和請求約定。

——我的部分：

——對方的部分：

——第三方、團體的部分：

※祕訣：向對方坦白時

①坦白感到後悔的事件時，具體加以描述。

②盡量不要向對方訴說自我指責或訓斥的話語。（因為對方想聽的不是我們指責自己，而是理解對方的痛苦心情。）

③慢慢地、真心誠意地向對方坦白歉疚的理由（我們認為重要的核心需要和情緒）。因為對方最想聽到的是我們的心聲。

④若稍微不慎，可能聽起來像是辯解，所以當對方真的感到好奇時（如對方說：「可以告訴我當時為什麼那樣做？」一）先簡短略做說明，再回到第③點來說。

⑤最好能與對方彼此交流，對話重點可以放在討論未來怎麼做。

Chapter 5

打造健康關係的溝通練習

- ◆處理拒絕
- ◆調解衝突
- ◆說出感謝

處理拒絕

即使拒絕，依然維持良好關係

彼此真心相待

每次我們為芝麻綠豆的小事吵架時，就會很後悔結婚。婚前，另一半非常黏我，所以我想就湊合著結婚吧。當然，他也一直對我很好，當時我想：「還會遇到更好的人嗎？」再說，我也年紀不小了。但在我的心裡，總是會有「是我同意嫁給你，所以你必須對我好」的想法。生活中難免會有些小失誤，每逢這種時候，我就會怒火中燒。

課堂上，老師對我說：「老師有另一種看法，當時妳沒有拒絕，勉強同意結婚，結果可能導致對方喪失了遇見更愛自己的人的機會。老師這個想法有道理嗎？」聽到的瞬間，雖然不太舒服，但愈想愈覺得老師說的沒有錯。如果當時我拒絕，可以給彼此更多時間，或者對方可能會遇到更愛他的人，而我也可能如此。當我了解到當時不想傷害對方的心意，反而可能是剝奪他重要人生機會的暴力之後，我感到非常抱歉。當然，他必須對我更好的要求也大幅減少，畢竟這是我的選擇，自己更有責任。比起追究誰優秀、誰不足，更重要的是現在以夫妻的身分，相互努力理解彼此。

「拒絕」是送給對方的珍貴禮物。但是，拒絕這份禮物不是拿來隨便一扔、讓人痛苦的，而是小心翼翼地靠近對方遞上，以免傷害到對方。拒絕並非意味著否定或斷絕這段關係，而是彼此交換內心真實的過程。想像一下，當我提出某項請求時，如果對方聽了我的話，內心想要拒絕，表面上卻不露聲色、笑著答應，我並不會覺得高興。所以，上對話課的時候，我常常問大家：「請託的時候，如果對方是勉勉強強答應，你會感激又開心，還是想要取消請託呢？」

大部分的人表示，如果不是對方非做不可的「責任」，都會想要取消。上述的例子也是一樣。男女交朋友時難免會遇到告白遭到拒絕或拒絕對方告白。被拒絕的一方肯定會傷心難過。但是沒有人會希望或樂見對方明明不愛自己，卻沒有拒絕而勉強交往吧！痛苦會復原，遇見另一個人的機會也會到來。「拒絕」是生活中必不可少的對話要素。

在我們的文化中，拒絕不是件容易的事。而且，無法拒絕的人往往被認為是「善良的人」。但無法拒絕而說「Yes」的「善良人」誠實地省視自己內心時，總是不會感到快樂滿足。因為自己也有必須要做或想做的事，但在說「Yes」的同時，也一面把自己的需要推向遠方。而且努力為對方伸出援手的結果是，自己該做或想做的事沒辦法做好，可能還會後悔幫忙對方，甚至埋怨對方的無理請託。

難以拒絕而迫不得已接受請託的理由如下：

1 害怕處於不利；
2 害怕對方受傷；
3 想要成為好人；
4 為了避免衝突；
5 無法承擔責任；
6 不太擅長拒絕。

想要好好拒絕，有必要正確理解拒絕的意義。**拒絕不是蔑視對方，而是表達：對我而言，現在有更重要的價值或必要事項。**這個過程其實不簡單吧？即使如此，還是必須鼓起勇氣拒絕的理由如下：

1 如果該拒絕時卻未能拒絕，就會喪失在重要事情上花費的時間與能量；
2 如果認為是重視對方而不得不接受請託，就會不知不覺中將請託的人視為負擔或討厭他；

3長遠來看，很難期待與對方建立健康坦誠的人際關係。考慮到這幾點，硬說「Yes」反而是對請託的人不禮貌，因為這剝奪了他獲得對方「懷著快樂心情」協助的機會，就像我們誰都不希望對方勉強答應我們的請求一樣。

不是排斥對方

指責處罰，求的是強迫式解決；合作共贏，求的是理解式解決。

我和大學好友們決定存點錢，一起去旅行。五個人工作了一年，存足經費，也選好旅行地點、訂好日期。但是，一名朋友說有個新交往的對象，旅行時間與戀愛對象的生日撞期，所以她想退出旅行。這樣是爽約。於是我傳訊息給這位朋友：「我們準備了一年，好不容易才決定的，一起去吧，嗯？拜託啦～」但朋友回覆：「因為是他的生日，所以好像沒辦法。這次你們先去，下次我再去，好嗎？」她再次拒絕。

「完全是個戀愛腦，怎麼會如此重色輕友？是有多麼不重視我們才這樣？」此一想法瞬間強烈湧上心頭。於是，我就把腦中浮現的責備想法，一五一十寫成KakaoTalk訊息傳過去。最後還加一句：「我倒要看看把與摯友的約定不當回事的妳，這個戀愛可以談多久。」現在回想起來，自己真的太幼稚、太不成熟了，但當時實在無法忍受。後來朋友表示抱歉，也答應一起去旅行，但我們的關係已經變得彆扭。其實，這也不是什麼大不了的事，明明可以想出其他好方法，但全都被我搞砸了。

只有朋友會這樣嗎？那家人呢？即使我們自認寬宏大量，當對方真的不接受自己的請求時，我們會變得非常敏感、著急，往往會找藉口強迫對方一定要答應。無論如何都要想辦法讓對方感到恐懼、羞恥、愧疚，這就是我們面對拒絕習慣處理的態度。家人不聽從我的請求時，心裡也會感到非常厭惡，悵然若失。雖然內心深處理解對方無法答應的心理，但要在那一瞬間欣然接受拒絕是多麼困難啊！

對於拒絕，需要的是好好面對與理解，而不是逃避。**如果認為拒絕像是躲在櫃子裡的怪物一樣，就必須好好知道其真實面目。比起拒絕本身，我們更容易因為自己面對拒絕的想法，錯失得以找到更好方法的可能性。因此，正確地理解拒絕、學習尋找更好結果與方法的態度則是絕對必要的。**

副總把我過去三個月負責進行的工作轉交給隔壁組的另一名組長。由於被指派別人做到一半的工作，那位組長非常生氣，但又不能向副總發脾氣，所以他對我發火。我說：「喂，難道是我指派的嗎？如果不行，你直接跟副總說啊！」可能因為這樣，他怒上加怒。昨天打電話來說：「朴組長，為什麼我得幫你擦屁股？我手上還有一堆工作。」

後來我按照所學到的，試著推測同事的核心需要為何，認為他想要得到「幫助」。然後為了協助他，我把那段期間準備的資料用電子郵件傳給他，分量還有點多，但同事卻更氣了。第二天下午他打電話給我，拉高嗓門說道：「為啥傳給我這麼多沒用的資料，哪時候才看得完。」我真的開始動怒了。工作又不是我指派的，我認為他是沒辦法向副總發火，所以才對我「發神經」。儘管如此，為了解決問題，我捨棄「指責」的態度，想「合作共贏」。我想尋求合力解決問題，而非指責對方。但忍呀忍，最後自己大喊：「喂！不是需要幫助嗎？那你的需求到底是什麼啊？」我的組員們像看瘋子一樣盯著我看。

我聽完後問道：

「組長，如果當時您不是按照學到的去推測對方的需要、按照對話的方法來溝通，那您會說什麼呢？」

他回答說：「如果沒有那麼拘束，肯定會說出重話。按照平時的習慣，我應該會說：『你這個瘋子。別把什麼擦屁股掛在嘴邊！做不到就直說啊！還有，不要再打電話給我了。』比起來，我現在的反應已經好多了。所以我不後悔。」

對方不按照自己所願行事時，我們往往習慣性指責他、懲罰他。但其實真的有必要思考一下結果會如何。

先前我們在練習聆聽時，並未具體談到解決問題。原因在於，問題的解決不是對話之目的。**對話之目的是加深彼此的理解，也就是連結。**問題的解決則有賴於隨之而來的各種方法。對方組長同事掛斷電話後會想一下，究竟自己的需求是什麼。然而，若是因為聽到辱罵而掛電話，則會花很多時間在厭惡如此說話的對方身上。

如何解決問題更重要？是指責處罰？還是基於需要的合作共贏呢？

連結對話練習

摒棄習慣性的指責處罰方式，練習看看合作共贏的對話。

範例 情況：孩子沒有告知，就從我的錢包拿走錢，還說自己沒有拿。

——以指責處罰的方式反應：「你想要當小偷嗎？你這壞孩子，要打下去才肯說嗎？還是自己直接承認？」

——以合作共贏的方式反應：「誠實很重要。你得說出事實，爸爸媽媽才能幫你。所以，好好說吧。」

1小學五年級的孩子，好幾天沒寫作業，老師打電話說：「麻煩注意一下孩子的作業」，如果你是家長的話：

——以指責處罰的方式反應：

——以合作共贏的方式反應：

2學生頻頻在上課時間掏出化妝品化妝、玩手機，如果你是見到此狀的老師：

——以指責處罰的方式反應：

——以合作共贏的方式反應：

3 新職員每次在走廊遇到人都不打招呼、逕自走過去，身為公司前輩，有機會與他共處安靜空間時，向他說句話：

——以指責處罰的方式反應：

——以合作共贏的方式反應：

4 公司人力不足，得稍微分擔其他人的業務，一名組員對於受指派工作表示道：「為什麼不增加人力，總是要我們加班，我沒辦法負荷下去了。」

——以指責處罰的方式反應：

——以合作共贏的方式反應：

「拒絕」聆聽練習：原來他有重視的東西

1 區分行為與存在

對方拒絕我所請求的「行為」

並非拒絕我的「存在」

那天真的很難受。雖然平常不喜歡說負面的話，但偶爾真的很想要向人傾訴。雖然覺得一個人在家睡覺會比較好，但另一方面又希望有人能聽我說說話。抱著這樣的心情，我送出KakaoTalk訊息：

「今天真是煎熬的一天。晚上有時間一起喝杯啤酒嗎？」

結果幾小時後才收到回覆：

「今天我有同學聚會啊。」

看到此一回答，心中頓生兩個想法：

「啊，對，今天有同學聚會。」以及「就算這樣，是不是應該先關心我一下？」我若無其事地發出訊息：

「知道了。」

「不高興了嗎？」

「沒有。」

其實心裡的確不高興。我不是無法理解，但那天心情真的不好，所以希望有人陪。

過了一會兒，男朋友又來電：「那我們六點在你的公司前面見吧！我跟同學們說好九點前會過去。」

我心裡已經不高興了，於是說：「算了。不用操心，我直接回家休息。」然後不再回覆KakaoTalk訊息。

其實仔細想想，與男朋友一起聊天、喝酒，兩個小時後早早回家休息，這應該是最好的行程安排吧！但那一天，我內心已經很不舒服，即使有好方法、好結果，心情還是很糟。從如我所願卻依然心情很糟來看，我意識到自己將「拒絕」解釋為對自身存在的否定。男朋友只是想要遵守既定之約，並非不重視我，但那瞬間，男朋友的拒絕就變成是拒絕我這個人了。

聆聽「拒絕」之所以困難的原因是，儘管對方拒絕的明明是請求行為（下班後一起喝啤酒，聽女朋友說說話），卻把它連結到存在（重視我的程度）。**好好聆聽「拒絕」的練習重點在於，不要把對方的「拒絕」與我的「存在」綁在一起，而是練習把它與我請求的「行為」相連結。**

在人際關係中，懷著被拒絕的不安，又經歷過他人的拒絕，造成過度敏感的反應，這在心理學上稱之為拒絕敏感度。對於拒絕的敏感度高，就會把拒絕視為威脅，以自我為中心進行思考。一想到「拒絕」，就會感受到敵愾、意志消沉、情緒撤回（停止關心）、嫉妒等，這也會導致抑鬱、不安、憤怒。

練習 1 從日常生活中出現的小事裡，分享一下拒絕敏感度的經驗。

當然，被「拒絕」的感覺不會是愉快的。然而，唯有能夠自由地相互拒絕時，才能真心信任彼此，達成敞開心扉的溝通。平時擅於拒絕的人，某一天聽到請求後欣然表示「Yes」的時候，我們就會知道他的應允是「真正的Yes」。而無法拒絕總是只說「Yes」的人，他說的「Yes」究竟是真心還是勉強，則難以判斷。

如果聆聽拒絕時能夠明顯區分出行為和存在，就能保護對方與自己的內心，同時找到其他對策。拒絕「我」和拒絕「手段」顯然是兩碼事。若能將對方的拒絕理解為針對方法與手段的拒絕，那麼聽完拒絕之後，就能再想出更好的辦法。這就是解決問題的創意方法。好好聆聽對方對請求的拒絕，我們便能從對方那裡得到許多資訊與智慧。

練習 2 分享一下到目前為止，生活中曾有由於遭到拒絕而找到更好對策與方法的經驗。

2只專注於對方的核心需要

練習「拒絕」時，第一次的經驗感覺不差。很奇怪地，我對大兒子特別容易發脾氣。如果想請他做點什麼事，都不知道該如何開口，因為他與老二截然不同，總愛插嘴、頻頻追問「為什麼」，所以經常挨打。長大後，彼此的關係自然疏遠，而老大心裡也似乎對我有些心結。

幾天前，我請老大代為遛狗。不過，那孩子看著我說：「媽媽覺得麻煩，對不對？只要媽媽嫌麻煩就會要別人去做。我也覺得很麻煩啊。」以前遇到這樣的情形，我就會不自覺地說：「你，做不到嗎？那把狗送去別人家好了！」而前一天才接受對話訓練的我，真的是自然地脫口：「啊，覺得麻煩啊？你和媽媽是同樣的心情耶！所以現在你想休息嗎？」

說完之後，我自己也嚇一跳，兒子頭一次聽到這樣的話，直盯著我看。然後，他問道：「媽媽為什麼會這樣說？」雖然有些難為情，但我還是順著說下去：「喔，你說覺得麻煩啊。其實媽媽也覺得麻煩，想要休息。所以會覺得你好像也想要休息。不是嗎？」兒子聽完我的話，進去房間，換了件衣服出來。我問他要去哪裡，他回答：「帶狗狗去散步。我不怎麼想休息。因為媽媽每天都要我做這些事，我覺得很煩才那樣的。我會先帶狗狗散散步，然後去跟朋友碰面。」以往兒子拒絕我的請求，我得連哄帶騙，所以都會不太高興，並非真的想強迫兒子，要他照我說的去做。而現在我只是專注地說出兒子的核心需要，他反而變得很樂意去做。

看來我向兒子提出請求時，兒子之所以拒絕的原因，可能不是需要休息，而是想要得到尊重與理解（理解每次命令他做事會讓他心情變糟）。

那天我哭了。究竟之前我對這個乖兒子破口大罵說了哪些話……對不起，我懷著歉疚心情深刻反省。

在聆聽「拒絕」時，可能會感受到不被對方接受的不快與恐懼。但是，**在拒絕的過程中，是給彼此理解對方核心需要的難得機會，我們應當視其為珍貴的禮物。所以，拒絕是被請求者給予請求者的真實聲音。**不妨回想一下自己內心討厭卻滿口說好的時候，那些自欺又欺人的瞬間。

或許當時只是想要避免衝突，維持良好關係、良好形象，所以未能向對方表達自己的真實想法，而是帶著微笑說謊。如果孩子會拒絕父母的請求，那孩子是健康的。如果屬下會拒絕上司的請求，該團隊的工作效率將能提高。因為這是團體內部成員心理擁有安全感的證據。拒絕要讓人覺得自在，必須相互信任。信任可能來自於當權者努力聽取無力者的意見，當權者願意理解無力者的拒絕，那麼力量弱的人心理會感受到安全感，在覺得自在的狀態之下，創造力和自律性都會提升。自由溝通能開創更好的問題解決能力，這將會成為團隊組織、家庭與其他共同團體成長和發展的基礎。

如果不想因為對方的拒絕而受傷，想要聰明接受拒絕的話，請記住以下三點：

1 聆聽拒絕是意識到對方現在有更重要的核心需要。如果能夠把對方的拒絕轉換成他的核心需要，不僅可以保護我們自己，同時也能與對方維持良好的關係。

2 必須理解到，對方不是拒絕「我」的存在，而是拒絕我為了滿足自己的核心需要向他請求協助的「手段」。此外，當拒絕的對方隱藏在背後的核心需要被理解時，也會有心願意理解請求者所想滿足的需要。

3 如果能夠尊重對方的核心需要，聆聽拒絕，就是在創造連結彼此的機會。即使不是現在，總有一天，需要被理解的對方會回應我的請求，也更可能選擇對我有所幫助的行動。

練習 3

想想看各位在所屬團體、家庭、公司中感受到的心理安全感程度，與大家分享一下。

「你還有更重要的東西啊。」

「你無法接受我的請求，原來是有理由的啊。」

1 提出內含我的核心需要之請求

- 核心需要、具體、正向、可能實現、疑問型

範例 「希望我們一家人能夠好好對話，親密相處。

因此，每週舉行一次一至兩小時左右的家庭會議吧？」

2 理解拒絕者的核心需要

- 內心理解對方話語及情況背後的核心需要

範例 「一至兩小時嗎？我很忙，沒辦法開這麼久的家庭會議。」

「我想自由運用時間，效率也很重要。」（自由、選擇、效率）

3 肯定與說出對方的核心需要

● 肯定與說出拒絕者的核心需要

範例 「你想自由選擇嗎？想要找到更有效率的方法嗎？」

連結對話練習

現在我們來試試聆聽「拒絕」的練習。認知到這是對於行為的拒絕，聽聽看對方的核心需要。

※請參考「需要分類一覽表」（第一三三頁）

範例 他從母親那裡聽說，退休三年的父親最近對股市太過投入，於是對父親說道：「爸爸，請用自己的私房錢買賣股票。別讓家人擔心，也別再拿其他錢去投資了。」父親勃然大怒，高聲喊道：「爸爸有跟你要錢了嗎？你憑什麼管爸爸做啥、不做啥？你還是管好自己的事吧！」

①父親拒絕什麼樣的行為？

請他不要再投資股票。

②做出拒絕的父親之核心需要為何？

自己依然有賺錢的能力——自覺有能力、自信心

能夠保護和照顧家人——保護、生產效益、認可

③以口語方式寫下回應，向夥伴說說看。

「爸爸，你想要像以前一樣可以好好照顧家人，經濟上更寬裕嗎？」

參考上面的例子，用文字寫下在以下情況將如何回應，然後與夥伴分享。

1 公司人力不足，得稍微分擔其他人的業務，一名組員對於受指派工作表示道：「為什麼不增加人力，總是要我們加班，我沒辦法負荷下去了。」

——這是拒絕什麼樣的行為？

——做出拒絕的組員之核心需要為何？

——以口語方式寫下回應，對夥伴說說看。

2 接到老師來電：「珍瑞最近都沒有好好寫作業。」要求國三的女兒先寫好作業再去玩，女兒說道：「媽媽以前上學時，是作業全部做完才出去的嗎？也是跟朋友碰面後回來才做的吧。先玩再做、先做再玩，有什麼不一樣？」

——這是拒絕什麼樣的行為？

——做出拒絕的女兒之核心需要為何？

——以口語方式寫下回應，對夥伴說說看。

「拒絕」說話練習：我有重視的東西

1 無條件理解請求者的核心需要

身為職業婦女，我請娘家母親和保姆輪流照顧孩子。先生得在凌晨六點上班，我的工作則是輪班制，有時下午三點出門，有時凌晨五點。所以，媽媽凌晨六點就會過來，如果我們都要上班的話，她就會帶孩子去幼稚園，幫忙整理家裡。

孩子在下午兩點左右放學，媽媽接回家後由保姆接手照顧孩子，她則回家去。所以媽媽與保姆會在下午兩點左右短暫碰面。那之後，媽媽都會傳訊息給我。大部分都是在數落保姆，嫌她妝化得太濃、不關心孩子，要我換其他保姆等。其實，經常更換照顧孩子的人並不好，孩子也很喜歡這個保姆，因為保姆經常陪他玩。

但是，媽媽不停地傳來訊息。我真的很討厭在上班時間收到這類訊息，而且每次都不知道該如何回覆。心裡想說：「媽媽，現在別再傳訊息給我、別再要求我了。」但都沒辦法……後來在對話課程中，我學到拒絕和無條件理解對方核心需要的部分，試著專注思考母親的需要。到底為什麼她會這樣呢……

突然間，我想到媽媽現在的核心需要是「想要得到自己多麼悉心照顧孩子的認可」。這時我才理解媽媽的心理，所以費心寫了一段訊息傳給她：

「真的非常謝謝媽媽。我很清楚媽媽每天一大早來照顧正勳是多麼辛苦的一件事。我起床後只要準備出門上班就好，但媽媽卻要在大清早過來幫忙。我突然體悟到，媽媽沒有閒暇像保姆一樣打扮，如此全心全意地照顧孫子。真的非常感謝媽媽的辛勞，所以傳了這封訊息。媽媽，真的謝謝您。」

但是，訊息已讀，過了三小時卻仍沒有回覆。雖然在想自己是否做了不該做的事，但不管怎樣，那是我的真心話，只能再等等看。再過了三小時左右，媽媽才回覆道：

「你們更辛苦。我盡最大努力照顧孫子是理所當然的。謝謝女兒的肯定。」

從此之後，她沒有再對保姆有任何指責。啊，理解到媽媽是因為這樣的核心需要才那麼說的，我心裡舒坦許多。這時才驚訝發現到，原來拒絕的第一步是徹底理解對方的核心需要。我以前拒絕時，一開始總是說：「很抱歉，這有困難。」

我們前面學習到拒絕為何重要、拒絕的真正意義是什麼，還學到聆聽拒絕的方法。現在要學習的是如何拒絕得更溫和、更精確。

拒絕表達了不接受對方要求的行為，同時表達了想與對方維持良好關係的意志。不做對方希望的行為，同時又想要維持自在舒坦的關係，或許從某種角度來看，這個願望本身似乎有些矛盾。但在彼此深度連結的狀態之下，這並不奇怪。我們來看看吧！

在上述的案例中，母親希望保姆換人。這是母親希望的手段方法「行為」。但要拒絕請求，比起一開始就說「No」，更好的方法是找到母親藉此行為所想滿足的核心需要為何，並且無條件地充分理解該需要。

「認可」這個詞彙出現了。對於各位來說，認可重要嗎？可能非常重要。我也是如此。我寫這本書的核心需要，就是希望讓更多人可以讀到、獲得眾人的認可。

練習 1

與身旁夥伴輪流訴說與聆聽自己想要得到誰的「認可」、為何如此的理由。

現在，範例中母親的認可需要也由衷獲得理解。如果拒絕時只是單純說「No」，說話者只會在悵然的內心築起高牆。

若是形成這種心理保護層，彼此的關係很容易就會疏遠。只是用充分理解母親的核心需要來取代「別再傳訊息了」的話語，母親就不再說關於換保姆的事。雖然並非所有情況皆是如此，但只要充分理解且同理說話者的需要，能夠順利獲得解決的情況比想像多得多。

也就是說，對方的請求只不過是滿足核心需要的手段之一。基本上，請求者無法清楚意識到自己的核心需要（Yes——認可）時，只會提出某種特定要求（換保姆）或指責（沒有保姆資格）。拒絕對方的請求時，如果能夠先協助說話者理解自己希望滿足的核心需要，對方也會對我們的拒絕或其他意見敞開內心。

範例

談了六年戀愛之後，我們正準備結婚。既然一生一次，我想在一家五星級飯店大宴親朋好友，但女友卻說：「那有什麼意義？是我們結婚，有必要向他們展示嗎？與其展示給別人看，不如辦個真正有意義的婚禮才對。」再問她想怎麼做時，她說：「我希望在大自然裡舉行單純的戶外婚禮。」每次想到賓客們會有多麼不方便，就覺得很累。

——你想拒絕什麼樣的行為？

舉辦戶外婚禮

——女朋友期盼的需要為何？

彼此相伴，想憶起結婚的本意——意義、分享

——寫下可與女朋友說的話，對夥伴說說看。

「所以，妳的意思是妳喜歡比較自然，想與人們分享結婚相伴的意義？」

參考前面的例子，用文字寫下在以下情況下將如何回應，然後與夥伴分享。

1 在人力裁減的情況下，現在連不是我們應做的事都要分擔。雖然公司補充新血是理所當然的，但沒有人敢提出來。組長說：「之前乙組做的工作，現在我們得扛起來做，各自負擔一點點吧。知道了嗎？」我不是討厭組長，但是受不了這種不當行為，我一定要拒絕這件事。

——你想拒絕什麼樣的行為？

——組長期盼的核心需要為何？

——寫下可與組長說的話，對夥伴說說看。

2 現在我知道自己該做什麼事，但爸爸媽媽還是不相信我。只是幾次沒寫作業，就像出了大事一樣天天嘮叨。「你今天作業做了沒？作業做完才能玩。再讓老師打一次電話來看看。絕對有你好受的。」真不想聽這些話，我想要他們「別管我」。能夠直接拒絕嗎？

——你想拒絕什麼樣的行為？
——父母期盼的核心需要為何？
——寫下可與父母說的話，對夥伴說說看。

3 我們小時候都只帶一張公車月票上學，現在的孩子甚至身上會帶著信用卡。不久前，兒子開始抱怨零用錢比朋友少，吵著說要增加。就算他恭恭敬敬地要求，我都要考慮再三了，更何況他出言不遜，我就索性不理會。絕對不能平白增加零用錢。不然，孩子會以為錢唾手可得。這時候該如何拒絕呢？

——你想拒絕什麼樣的行為？
——兒子期盼的核心需要為何？
——寫下可與兒子說的話，對夥伴說說看。

4 明明有的前輩先看到我也不打招呼。不是先看到的人先打招呼嗎？哪一國的法律說年紀小的人一定要先打招呼？不久前，一名前輩在洗手間對我說：「團體組織裡，晚輩要先打招呼。既然你是新職員，見到前輩要過來打招呼。知道嗎？」現在，我更不想向那位前輩打招呼了。

——你想拒絕什麼樣的行為？

——前輩期盼的核心需要為何？

——寫下可與前輩說的話，對夥伴說說看。

---

2 幫助對方理解我的核心需要

再婚之後，我們夫妻倆與兒子一起住，不久後就搬到別的地方。因為兒子目前高三，沒辦法轉學，所以與外婆同住在我再婚前住的家裡。我們夫妻倆由於工作關係，則住在相隔四十公里外的地方。兒子早上去學校，晚上十點才從補習班回到家，沒有什麼特別需要照顧的。但是，為了見兒子一面，哪怕只有三十分鐘都好，所以我每週都會回之前的家三趟。

有一次，先生說：「雖然週末我也經常一起回去，但感覺妳好像更常回去。甚至原本說好要陪我的那天，我一說晚上有約，妳就又要跑回以前的家。希望妳別再這樣了。」

反正先生當天會晚歸，身為考生的媽媽，我認為去看孩子是合情合理的。聽完丈夫的話，我問他：

「你希望我能遵守約好陪你的承諾，對吧？」先生回答：「是的，我說的就是這個意思。」

接著，我試著讓他能夠理解我的核心需要：「在孩子大學考試之前，我想盡量好好照顧他，但又想遵守與你的約定，到底要怎麼做才能取得平衡呢？我真的很尊重你的想法。」先生停頓了一下，然後說：「老婆，我想了一下，妳說得很對。大學考試之前，如果我會晚歸或有約，妳就去兒子那裡吧！我也應該一起去的，卻讓妳自己去，很抱歉。這我能理解。」

我滿懷感激地說：「以後，約好陪你的日子，我都會配合你的時間好好安排的。」

拒絕的技術中，非常重要的部分是說出我的核心需要，而非直說「不要」。這是我們為建立相互關係而做的有意識努力，同時也是「為尋找彼此想要的東西而努力」的過程。所以，試著說出「因為現在————對我來說很重要」，會比直說「不要」更溫和，而且意思表達更為清楚。

原因在於這不是拒絕對方，而是表明由於我們的需要而無法答應該要求。

拒絕，只是表示不同意對方的要求，而非無視對方或拒絕對方的存在。拒絕反而是向對方傳達真心，內心充滿真誠的過程。

練習 2

1 請各位回想一下曾想拒絕的日常瑣事，寫下通常在該情形下會如何行動。

2 然後在試著拒絕時，以表達自己的核心需要取代說「不要」。先以口語方式寫下來，再與夥伴分享。

範例 團體中有人要求關冷氣時（如果我覺得熱而想開冷氣的話）

平日行動：直接關掉，再脫掉一件衣服或搧扇子。

拒絕練習：「不要。」↓「你會冷嗎？我在流汗，希望可以涼快一點。你願意和我換位置嗎？」

拒絕對方的請求，是發現自己內心目前更重要之核心需要為何。健康的拒絕可以守護自己的核心需要，也有能夠關心與體察對方核心需要的相互尊重力量。我們即使拒絕，亦可透過理解彼此的需要謀求關係的連結。

在拒絕之前，必須先自行檢視下列事項：

①提出請求的對方所盼望之核心需要為何？能夠理解其迫切性嗎？
②想要拒絕的我之核心需要為何？能夠鼓起勇氣說出來嗎？
③拒絕的同時，是否想過滿足對方需要的方法？
④是否想與對方一起商討對策？

檢視過這些事項之後，就能提出更好的對策，而非無條件的拒絕。

提出包含對策的對話方法

「一定會有對我們大家都更有利的方法。」

1 理解對方的意圖

- 靜靜聆聽對方的請求。
- 找出隱藏在對方話語中的核心需要，說出來且無條件地接受。

2 協助對方理解我的意圖

- 不評斷或指責對方，試著探索自己的核心需要。
- 說明自己也與對方一樣有需要。

3 轉換手段的方向——「No」

- 思考其他方法——確保時間與空間。
- 拒絕要求，但理解需要。

4 提出對彼此有益的對策

- 按照請求的方式，說說看想提出的方法。
- 具體、正向、實現可能性。「對彼此有利（Not only for me）」。

提案包含對策的練習

想想看自己曾想拒絕的例子，與夥伴分享討論。

1 理解對方的意圖

範例

「你現在好像認為（＿＿＿＿＿需要）很重要，我的理解正確嗎？」

「我充分理解你的需要。」→請無條件地理解。

vs「雖然能理解你認為重要的需要」→附加條件不是理解。

2 協助對方理解我的意圖

範例

「我和你一樣，也有認為重要的東西（需要）。」

「原來你和我一樣，都有認為重要的東西。」

vs「但是，我也有認為重要的東西。」

→每個人都有各自的核心需要，這是共同點。

試試看以「而且，我也」作為句子的開頭，而非「但是，我」。

3 轉換手段的方向——No

範例「你請託的事情（要求）很困難。
不過，我們來找找看其他能夠滿足彼此的方法吧。」

4 提出對彼此有利的對策

範例「首先，為了彼此，＿＿＿＿＿＿＿（要求方法）這樣如何？
你覺得如何？」

有時則是想要幫助對方，卻不知道方法。還有，明明有心想要保護自己的核心需要，同時幫助對方，但不知道該如何說。如果想要傳達自己確實「**有心想要幫你。而且，我想知道同時又能滿足我核心需要的可行方法。你也是如此，所以請協助我**」，建議試試看用以下方式進行對話。

無對策時傳達心意的對話方法

「為了讓我能夠幫你，請你協助我。」

1 理解對方的意圖

- 靜靜聆聽對方的請求。
- 找出隱藏在對方話語中的核心需要，說出來且無條件地接受。

2 協助對方理解我的意圖

- 不評斷或指責對方，試著探索自己的核心需要。
- 說明自己也與對方一樣有需要。

3 向對方請求對策——「方法」

- 向對方請教有益彼此的對策。
- 接受需要，探索要求。
- 請託對方一起尋找也包含自身核心需要在內的可能解決方法。

表達有意幫忙的練習

想想看雖然想拒絕卻沒有對策的經驗。

1 理解對方的意圖

範例

「你現在好像認為（＿＿＿＿＿＿＿需要）很重要，我的理解正確嗎？」

「我充分理解你的需要。」

2 協助對方理解我的意圖

範例

「我和你一樣，也有認為重要的東西（需要）。」

「原來你和我一樣，都有認為重要的東西。」

3 向對方請求對策──「方法」（How）

範例

「我想幫忙，但不知道能把我的需求也包含在內的方法。」

「如果你知道能夠滿足彼此的方法，可以告訴我嗎？那麼我也會一起協助。」

心理學家亞當・格蘭特（Adam Grant）❶教授在《給予》（Give and Take）❷一書中談論到利用對方來滿足自身核心需要的人，靜靜聆聽其對話時，就能感受到他僅僅關心自身需要、毫不尊重對方立場或需要，只求滿足自身需要的對話風格。主要以「你非得幫我不可！」「你敢不做？」「趁我好好說的時候快做！」「你不幫忙，我就完了！」的方式，以言語帶給對方罪惡感、恐懼、愧疚。如果有人正反覆以這樣的模式向我們提出某種請求時，請思考一下：這個人真的是我們人生中重要而珍貴的人嗎？如果不是，此刻必須斷然拒絕。

拒絕心理操縱者的對話方法

「這件事我沒辦法幫忙，希望你能順利解決。」

1 斷然說「No」

- 請確切表示應允要求不是為對方好的行為。
- 對方話語落落長時，從中插入剪斷。
- 詢問對方將怎麼做（將我排除在方法之外）。

2 明確表達我認為重要的核心需要

- 不評斷或指責對方，純粹表達我的核心需要。

連結對話練習

拒絕心理操縱者的練習

回想一下你認為經常在利用你的人曾說過的請託話語。

1 斷然說「No」

範例 「那天我沒辦法幫忙，希望你能順利解決。」

2 明確表達我認為重要的核心需要

範例 「現在對我來說，（需要）很重要，所以我沒辦法。順利解決後再告訴我。」

❶亞當．格蘭特（Adam Grant），美國流行科學作家，也是賓夕法尼亞大學沃頓商學院教授，專門研究組織心理學。

❷中文版書名為《給予：華頓商學院最啟發人心的一堂課》，平安文化出版，二〇一三年。

四種化解衝突的慣性處理模式

如前所述，在本性與經驗中逐漸固化而成的信念，在衝突狀況下會化為習慣性言行表現出來。因此，處理衝突的習慣也各不相同。

這在生活中即會形成各式各樣的人際關係，從事件經歷的過程來看，有時會將自己的意思強加於對方（利己型模式），或者放棄自己的核心需要來迎合對方（自我放棄型模式），有時則迴避衝突或按義務行事（義務型模式），有時會檢視與理解彼此的需要，為滿足彼此需要而努力（互惠型模式）。

這些慣性的因應衝突類型，也可能會隨著對象而改變，或按照事件強度與責任的相關判斷有所不同。也就是說，根據本性、經驗與詮釋的學習程度，會有不一樣的化解衝突慣性模式。依照我與對方所關注核心需要的程度不同，形成以下四種模式：

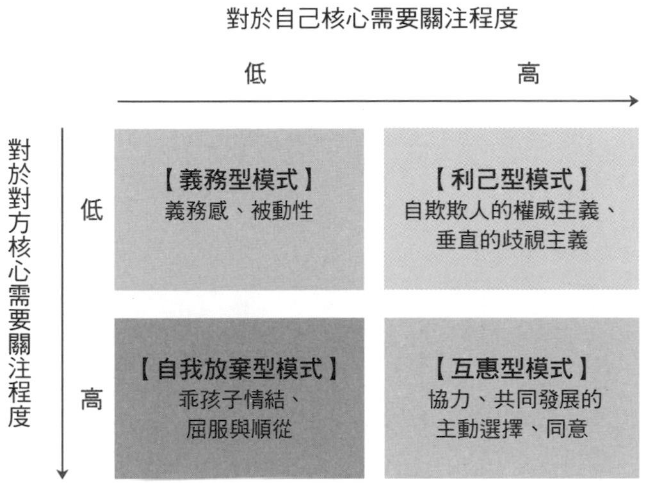

1 義務型模式

應該沒有人會一開始就想用這種方式來解決問題與建立關係。義務型模式是歷經多次嘗試失敗或遇力受挫時進入的模式。**該模式不再探究對方意圖為何，也不認為自己的意圖重要，只求盡到最低限度的職責與義務就好。**總之，義務型模式只是基於行為的解決衝突方式，而非基於需要的解決方式。

即使想要找到好方法，現實中卻不可行，因為一旦彼此陷入衝突情況，就會以自我為中心來思考。此時，人們的做法不是在相互理解之後找出好方法，更可能會為了解決問題而選擇有人必須犧牲。而且，犧牲會成為習慣，反覆再三。或者，如果在團隊組織內經常受到壓迫，從而對事事都感到厭煩，變成只想做到被要求的事、必須做的事而已。進入義務型模式，或許問題會得到解決，但在過程與結果中，並沒有真正的被滿足。因為一切都是理所當然該做的事。這樣的生活缺乏樂趣，也沒有選擇的喜悅。

「我對自己和對方的需要沒興趣。我也不想吵。這樣做只是基於義務，沒有樂趣可言。說出自己的需要有什麼用、有什麼重要的？彼此做好該做的事就行了。我相信，做該做的事會比做想做的事更有助於實際解決問題。」

2 利己型模式

利己型模式意指不關心對方核心需要，只關注滿足自身需要的模式。本性自命不凡的領袖人物就屬於這種。這種個性的人非常擅長達成目標，獨立克服問題，勝於關心他人。因此，擁有此一特徵的人，成功機率很高。

然而，成功經驗愈多，就愈可能想要管控支配整個情況，陷入過度自信的謬誤。或者，如果從小父母過於以子女為中心，也可能無法學習到關懷或同理他人的能力。

若是在生活中秉持這種思維，人際關係會被孤立，因為誰都不想親近這樣的人吧！在團隊組織裡頭，人們通常保持靜默，不想站在如此解決衝突的人身旁。但有趣的是，採取此模式的人都不承認自己會這樣。

「對我來說，我的需要很重要，至於對方的需要，我沒什麼興趣。我的想法正確無誤，而且非常重要，又何必知道對方的需要呢？對方只要跟著我走就好，不容許他拒絕。把期望付諸行動就是一種能力。」

3 自我放棄型模式

自我放棄型模式是對於自己的核心需要缺乏認識，卻致力於滿足對方需要的模式。不擅拒絕、天生樂於奉獻他人，具備這種靦腆性格的人，偏好取悅他人，甚至於犧牲自己。或者，很可能從小常聽到人們稱讚自己善良，成長過程中也一直這麼期許自己。若是性格內向體貼，哪怕要放棄自己的需要，他們也會努力維護周遭的和睦。

假如你對表露自己的需要有罪惡感，可能會更容易進入自我放棄型模式。人們喜歡找這樣的人，也常找這樣的人。不過，若是透過這種方式來解決衝突，可能會超出自身能力而感到精疲力竭或極度憂鬱。

「我在拒絕的時候，會感到很不自在，對於自己的需要，我比較壓抑。如果追求我認為重要的事物，對方會感到不舒服，此時，我會習慣性的讓步。雖然覺得難過，但犧牲我一個人，大家都能舒舒服服就好。堅持自己想要的東西，感覺會顯得自己很自私而且不自在。」

4互惠型模式

在互惠型模式中，發生衝突時會重視雙方的核心需要為何，將尋求得以滿足雙方的解決方法放在首位。人們陷入衝突時，不容易用這個模式自行解決衝突。但若是從小就有合作價值觀的人，在衝突產生時，第一步的思考就與眾不同。

「怎麼做才能兩全其美呢？」

如果在成長過程中，結果與過程皆獲得肯定，性格上就不會單單執著於結果，還能顧及解決衝突的過程。如果兩人陷入衝突時，第三方調解者能夠提出讓雙方滿意的方法，有此經驗後，會更有信心用互惠型模式來解決問題。用這個模式成功解決衝突時，雙方對於達成協議的方法會有責任感。因為那是在解決衝突的過程中，經過相互理解，自己同意且選擇的解決方法。

「我很重視自己的需要，同時也很關心對方的需要。我能理解人們需要的意義為何，也能接受對方的拒絕。我想找到可以滿足彼此需要的方法。我知道，愈努力尋找各式各樣的方法，愈可能滿足彼此的需要。」

事實上，即使對象相同，我們仍可能會隨著情況與爭議點的不同而做出不一樣的選擇，但大致上，我們總是以習慣的方式來處理衝突。不管是表現出來的言行，還是內心抱持的態度，以下就來分享一下自己面對衝突的方式，以及為什麼這樣做的原因。

連結對話練習

1 與家人發生衝突時，你會用什麼方式（請參考前面提到的四種模式）處理？請用具體事例跟夥伴分享。

2 與相對權力較強者發生衝突時，你會用什麼方式（請參考前面提到的四種模式）處理？請用具體事例跟夥伴分享。

3 與相對權力較弱者發生衝突時，你會用什麼方式（請參考前面提到的四種模式）處理？請用具體事例跟夥伴分享。

協助解決問題的技術

1 在相互指責中找出隱藏的情緒和需要

我的兩個孩子只要在一起就吵架。心情不錯時，我會勸導他們，但這種情形不斷發生，現在我會不知不覺提高音量，甚至有時也會失去理性。

→孩子們吵架來找父母評理時，第一句話會是？

「誰先動手的？」

「為什麼這樣？」

→請家長以後千萬別說這兩句話。

這是我和太太在課程裡學到的。那天，兩個孩子又在吵架，被打的老二來找太太，太太叫來老大，他滿腔怒火地走過來。一開口就是：「弟弟最好消失不見。」老二也不甘示弱地說：「最好振浩哥不是我哥哥。」這些話刺激到了太太。若是平時，他們一定會被太太打好幾下。但這次，太太開口的第一句話不一樣。

「你心情怎麼樣？生氣了嗎？」

剛說完，老大突然哭出來。他一言不發，就只是哭。依他平時表現，應該會大吵大鬧才對，感覺很神奇。接著老二也哭著說：「我好難過。」

太太帶著老大進房間，我問老二：「泰浩，你想要什麼？」這時他說：「我想和哥哥一起玩。」太太也對老大問同樣的問題，他說：「我想跟弟弟一起玩，但弟弟不聽我的話。」我家孩子吵架時，從未曾在十分鐘內結束過。當天卻花不到十分鐘。

「你心情怎麼樣？」

「你想要什麼？」

這兩個問句創造了奇蹟。

我們之所以無法順利解決自己與對方之間的衝突，原因在於，無論自己或對方，兩者都陷入相互指責和批評中。目前為止，我們學習到為了解決衝突和問題，必須擺脫自動化思考，認知到自己的情緒與核心需要。然而，在衝突已經爆發的情況下，雙方會一時喪失覺察自身想法、卸下胸部情緒與腹部需要的方法（請參考第一五六頁「認識自我階段練習圖」）。

調解的時候會發現，縱使是彼此珍視的關係，在衝突情況下也會使用非常自我中心的方式進行思考，並從對方的行為裡尋找自身情緒的原因，彼此都想著：「如果他不這麼做，我就不會這麼生氣。」

此時，第三者有必要介入，協助解讀雙方的情緒與需要。針對彼此的指責中，往往隱藏著各自的情緒與需要。唯有找出該情緒與需要，衝突才會進入理解和解決。

連結對話練習

1 看到指責與批評的句子，以口語方式解讀出需要，並且寫下來。

範例

「他都只顧自己。」→**「你的意思是關懷很重要，對吧？」**

「都只有我在努力工作，賺錢討生活。」→**「你的意思是希望彼此同心協力，生活裡互相幫助，對吧？」**

「別人都是錯的，只有他自己才對。」→**「您的意思是希望得到對不同意見的理解吧？」**

2 舉其他例子，並且寫寫看。

2 引導如實複述聽到的對方需要

我和太太繼續運用所學到的。我們先拜託老大：

「振浩啊，弟弟想和你一起玩，但因為你不願意，所以他很難過。可不可以說說看你聽到弟弟說了什麼？」

老大立刻說：「泰浩很難過，他想一起玩，但我不願意。」

這次拜託老二泰浩：

「泰浩啊，哥哥說他也想和你一起玩，但有點生氣。因為他想得到尊重。可不可以說說看你聽到了什麼？」

老二接著說：「哥哥說想得到尊重，他也想一起玩，但很生氣。」

然後我說：「對，兩個人都說對了，謝謝你們說出來。」

如果想要協助雙方解決衝突，務必謹記的是，由調解者率先提出解答或指導，絕非有效的做法。反而是讓兩造衝突對象如實複述聽到的彼此需要與情緒，從而幫助他們相互理解內心想法，這樣做更強而有力，而且更重要。

調解者應記住下列三點：

①無論什麼情況，調解者皆需專注在雙方的情緒與需要上。

②輪流向雙方詢問：「可不可以說說看你聽到的（情緒與需要）？」

③如果順利複述，請表示：「謝謝你的複述。」

我們知道，侷限在個人想法狀態之下，任何人都會以自我中心的方式思考，進而指責對方。另一方面，我們也看到，若是理解彼此的需要，就會用體恤的眼光看待對方。因此，在親愛家人之間的關係、與公司同事的關係、同學之間的關係中，應從相互理解的觀點來思考能夠解決問題的調解方法，更勝於訴諸以因果報應的論點。

3為了滿足彼此需要，支持達成和解的行為

我開始進入下一步。

「振浩啊，你是不是希望弟弟聽你說話，同時一起開心地玩？那你想要拜託弟弟什麼？」

振浩立刻說：「我的東西，要先問過我才能拿。」

我問泰浩：「泰浩啊，為了一起開心地玩，有想要拜託哥哥的事情嗎？」泰浩說：「哥哥的東西不給我啊。」

這不在學過的劇本裡，我有些慌張。按照劇本，弟弟應該提出對哥哥的請託，但現在說的話卻是對哥哥的批評。

妻子看著泰浩，把句子轉換成祈求式的請託話語，問道：「泰浩啊，如果拜託哥哥，你想請哥哥把東西借給你嗎？」泰浩點了點頭。

振浩立刻回答說：「你沒拜託就直接拿走才這樣。如果拜託的話，我會借給你的。」這一天，奇蹟般的調解歷程令人久久難忘。

人們在自己的需要、需求、願望獲得理解時，會從自我防禦的態度變得比較從容自在，而且也會更加關注對方的需要。這時候，彼此口中吐出的不再是指責，而是想要請託的內容。此時，調解者只要反覆告知彼此的需要，向他們探問方法，會比直接告知方法更有效。

- 「現在你說（需要）很重要，你有想向對方拜託的事情嗎？」
- 「現在你聽到對方的請託，考量到你自己的（需要），你有想向對方拜託的事情嗎？」

透過這兩個問題，引導雙方找到能夠擺脫相互指責或基於需要的解決方法，此一過程正是藉由調解，朝向以創意方式來解決問題。

有時候，進行這類調解時，可以使用稍微不一樣的詞語來表達人性本惡、人性本善，乃至人的利己心與利他心。雖然人類是為自身需要而生的存在，同時，對於他人的需要也要抱持著高度關注。

上述兄弟間衝突的案例，應該時常可以看到，但不是任何衝突情況都能按照這套程序成功調解，而是必須根據兩人之間衝突的特性，以及周圍人們的牽連情形等，由經驗豐富的調解者介入調解程序才得以解決。如果雙方信任調解者，而且具備想要解決問題的意志時，這套程序就非常有用。不過在處理過程中也可能產生各種變數，雖然介入變數有許多調解技術，但在此對話練習中，本書能夠處理的程度有限，我們就暫時討論到這裡。

左圖是以圖示表現陷入衝突的兩人歷經調解的過程，大家可以參考參考：

連結的調解過程

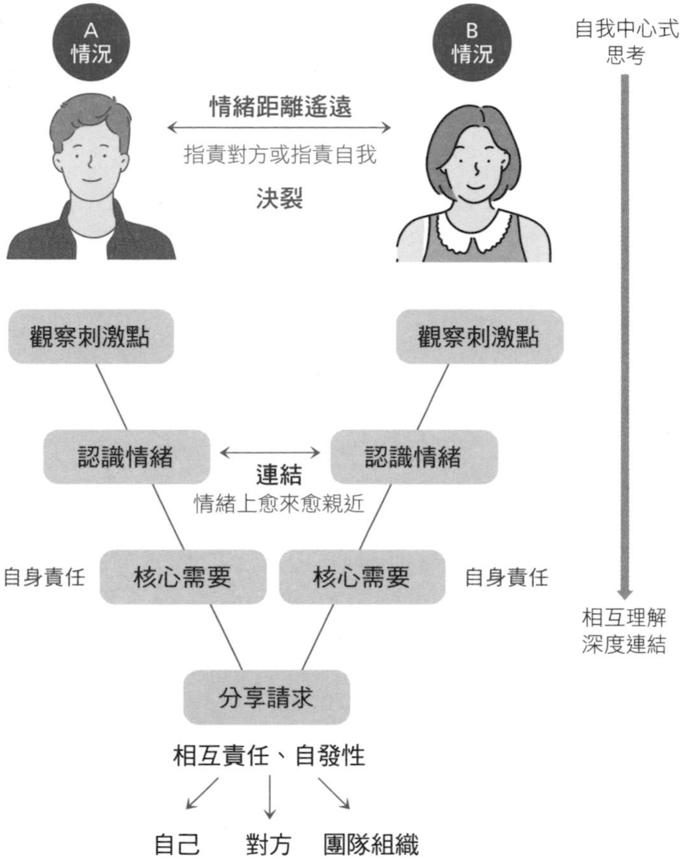

※在雙方僵持程度開始緩解、情緒變得溫和時，袒露彼此的需要，反覆嘗試解決問題的過程也很有效。

表達感激的心與給予認可

說出感謝

沒有致謝是因為缺乏認可

老師突然說：「寫下至少五種以上別人不知道，但自己認可的帥氣樣貌。」那時候，我真的很為難。除了畢業於國內最高學府之外，我什麼都想不出來。實際上，畢業於最高學府也是別人認可的經驗，而不是自我認可的。

經過一番苦思，我終於想到了一個，那就是親自教導孩子數學。我教當時國三的兒子數學，教了三個月左右，他的期末考成績從六十分驟升到九十分以上。不過，比起結果，我更自豪的是自己在教導時，不曾對他大聲吼叫或生氣動怒。寫完之後，「作為父親，這不是理所當然的嗎？」的想法又頓生。

沒錯。除了獲得外界認可的經驗之外，一想到自認帥氣的樣貌居然「不是理所當然的嗎」就覺得崩潰。二十六年來每個月給父母孝親費，不也是身為長子理所當然的責任嗎？而我卻連想都沒想到。不知為何，突然覺得很感傷，哈哈。

沒有辦法體驗感謝心情的理由究竟為何？

1 喪失了認識自己正面樣貌的能力

感謝的反面概念類似於自動化思考的「理所當然」。原因在於，當我們用高標準衡量所有事情時，任何事件都會被認為是隨著角色而來的義務，任何行為也都被視為理所當然，因而距離感謝的心情愈來愈遠。其實，我們有很多比想像更棒、更帥氣的樣貌。透過「連結對話練習」，一起來找找看吧！

事實上，這個社會已經對我們加諸了許多社會標準。人們拿成功的諸多必要條件逼迫自己，致使被診斷為憂鬱症和恐慌症的狀況日益增加，感到孤單寂寞的人們也愈來愈多，再加上似乎看不到獲得公平正義的機會，大多數人的情緒都在不安的狀態下，而不安的父母有很大的機率養育出在比較與競爭中成長的孩子。

這樣的我們能感謝什麼呢？如何能夠幸福呢？在這種環境下，個人確實很難找到幸福，也不容易找到感謝的理由。因為比我們優秀的人總是無所不在，再怎麼努力似乎也無法追上有天賦的人。而人只要從自覺沒那麼有價值的瞬間開始，就不會幸福、滿足，因為在缺乏滿足的日常生活中，不容易發現值得感謝的點。這麼看來，我們真的對自己很殘酷呢！相反的，對自己不足的樣貌，我們找起來倒是輕而易舉。

然而，活著就代表了胸懷某種期盼與希望。**所以，我們必須努力的是發現自己原來就具備的美好本性，而非挖掘自己的不足之處。能夠認可自己的人，方得以發展出別人也能如此認可的力量。務必謹記，認可不是只能由他人賦予，也可以由自己肯定。**

連結對話練習

1 寫下一個自覺羞愧、深藏心中而沒有告訴別人的小祕密。

↓請彼此分享各自的小祕密。或許大部分人都只是自己覺得很羞恥慚愧，說出來之後就覺得沒什麼大不了的，這時就會發現，原來我們將這些無關緊要的事物當成祕密，藏在心中這麼久，到底是在幹嘛啊？

2寫下五個以上別人不知道，但自己認可的帥氣樣貌。

↓分享一下這個問題容易回答嗎？同時說說看理由。

↓用一起訓練的人都聽得見的聲音，輪流起身大聲發表。一個人唸出自己的帥氣樣貌時，大家都高聲祝賀且鼓掌。說話時，請以最厚臉皮、最有自信的樣貌說出來。

※如果是獨自練習，也請大聲唸出來。雖然可能會覺得尷尬不自在，還是請大家試試看。請記得，我們認可自己，認可的核心需要才能開始得到滿足。

2比起給予認可，更想得到認可

因為父親積攢下來的財產，我從小到大生活無虞，這一點我並不否認。而我也確實是用父母的錢創業，但是我真的是很努力工作。儘管在別人眼裡我是含著金湯匙出生，但二十多年來，我一直像牛一樣工作才能到達這個位置。然而，父親至今還不相信我，不曾說過我做得很好。他總是說：「用我的錢過得很好吧？要知道這可是因為你是遇上了好父母。」

父親不知道我工作多麼勤奮，一雙鞋子穿了十年，生活既儉樸又認真，得到的卻不是家人的認可，只有「要做得更好」的叮嚀。

想到父親，我心存感激，但深沉的惆悵感始終無法化解。我都快六十歲了，多麼希望父母可以認可我這個長男多年的辛勞，只要一次就好，但這卻是絕對不可能的。

為何我們會如此無法認可對方呢？

第一，最重要的是，上述案例的父親活到今天也無法認可自己。生活中用嚴苛標準要求自己的人，也會用同樣的標準來對待他人，所以認可並非易事。在這種情況下，對話往往總是以「知道我多辛苦嗎？」「你還差得遠呢！」等形式開始，而非「謝謝你」。

第二，若是未能充分得到他人的認可，我們也無法給予別人認可。在這個案例中，學員父親很可能沒有得到充分認可。我問學員是否曾對父親說過認可的話，例如：「真的謝謝您讓我在一個好人家出生，能夠安安穩穩地成長。」學員想了一下，回答沒有。

對話永遠是由心靈比較健康的人先伸出手。我們做不到，所以總是彼此心懷惆悵。

連結對話練習

1 暫時閉上眼睛想想看，所謂「認可」的核心需要對我的生活有多重要。
2 回想一下自己曾經獲得最大程度認可的經驗。
3 感受一下當時的心情如何，想到對方時又有何心情。
4 與夥伴輪流分享該經驗與情緒感受。

區分需要與慾望，體驗感謝之情

這次我們先進行分享活動，再開始討論。

練習 1

請參考「需要分類一覽表」（第一三三頁），選擇一個符合心意的需要詞彙。然後寫下滿足這個需要的方法。不過，請將用物質滿足的方法與盡量不用物質滿足的方法分開來寫。

範例

〈平和〉

- 用物質滿足的方法

→搭飛機到峇里島參加瑜伽課。

- 不用物質滿足的方法

→每天早上在安靜的房間裡透過冥想APP冥想十分鐘。

- 用物質滿足的方法：
- 不用物質滿足的方法：

練習 2

回顧這一生中「愛」的核心需要得到滿足的經驗並且寫下來。

範例

- 小學二年級，爸爸打我的時候，樓下的奶奶跑過來抱住我。
- 晚自習蹺課時，老師買披薩給我，還問我發生了什麼事。

各自寫完之後，與夥伴分享該經驗。

1認識兩者差異，就能體驗感謝之情

在進行連結對話訓練的過程中，我領悟到金錢這個東西非常有用，但回顧「愛」得到滿足的漫長時日，又發現其實金錢也沒有那麼重要。

我從小就厭惡貧窮，認為要有錢才能幸福。直到剛剛還是那樣想。但在寫下「愛」得到滿足的記憶時，認真地回想，當下的瞬間幾乎不需要金錢。

真難以置信。雖然為了幸福、為了成為能夠幫助別人的好人，我依然認為金錢是必要的，但同時也非常清楚地理解到，金錢不是全部。我真的覺得自己未來的人生會有些不同、會比現在更為幸福！

透過前面的練習1，我們可以學到以下幾件事：

第一，我們知道用物質更容易滿足許多東西。

從這層意義來看，金錢是重要的「手段」。不過，我們也再次領悟到，金錢不是目的，如果把物質的手段變成目的時，就會釀成悲劇。原因在於，不管多麼昂貴的東西，只要一擁有，心理上就會立刻變得無感。而且，不管擁有多好的東西，這個世界上總是會有比我們擁有更多東西的人，所以很難擺脫相對剝奪感。快樂的過程結束後，隨之而來的可能是終究無法填滿的空虛。因此，用物質來改善與他人的關係和經驗，不是一種健康有效的方法。

第二，需要，不是我們要放棄的。

誰說沒錢就必須放棄需要？即使沒有錢，還是有很多可以滿足需要的小方法。在現有環境下，盡量努力思考各種方法來滿足每個人的需要時，就算經濟環境不富裕，也能感受到幸福與感謝之情。

而透過練習2，我們也可以學到：**真正重要的價值，超越了金錢物質。**需要是與慾望截然不同的概念。需要存在節制和滿足，但慾望是從想像與比較而來，滿足並不存在。

試想「美麗」一詞，它有絕對的標準嗎？有的人對於自己現在的樣貌很滿意，美麗的需要已經獲得滿足，但有的人則是靠著節食和雙眼皮手術才得以滿足這個需要。然而，有的人就算不停地動手術也不滿意，一直在尋找比自己更優秀的人，不斷努力想成為他們那樣。這讓我們看到需要與慾望的差異。由於需要與慾望的差異只能夠從個人的節制和滿足來區別，因此有智慧的判斷不可或缺。

2 穿越時空，更能體驗感謝之情

我從來沒有想過死亡，你問我臨死前想見誰，我想起了媽媽。媽媽總是很煩人。給她孝親費也不花，好煩；知道我會晚歸還等門，好煩；知道我不吃早餐還老是準備，好煩；一身土裡土氣，走在一起好煩……沒想到眼淚就這樣流下來。萬一媽媽就這麼死了，我好像會活不下去。滿懷歉疚，我如何能夠繼續活下去？今天我就應該馬上對媽媽說謝謝、我愛您、真的很感謝您。

哲學家海德格（Martin Heidegger）❸曾說，我們應該偶爾穿越時空，跑到死亡之前，拋出存在主義的問題。我們總是活得像長命千歲萬歲一樣，但只要記起我們人生不知何時會死的事實，許多事情就會變得不一樣。

我在修習死亡學（Thanatology）時，認識到人生有很多部分都在變化中。如果今天是生命最後一日，你想和誰一起做什麼呢？當然，健康的人在日常生活中不會時時刻刻想著死亡。不過，在重要的瞬間，在與珍視之人的關係中，我們是否應該穿越時空，在死亡面前進行對話，做出無悔的決定呢？在死亡面前，把寶貴的時間拿來討厭別人太可惜了，我們要做的是，奔向鍾愛珍視

❸海德格（Martin Heidegger，一八八九～一九七六），德國哲學家，在現象學、存在主義、解構主義、詮釋學、後現代主義、政治理論、心理學及神學有舉足輕重的影響。

的人，向他表白自己的感激、感謝與愛。

練習 3

如果今天是生命最後一日，你會想起誰？還有，你想向他說什麼話？請把它寫下來。

範例 我會想起兒子。

「真的謝謝你來當媽媽的兒子。希望你知道，身為養育你的媽媽，是多麼幸福的一件事。媽媽愛你，你一定要記住。」

如果想要感謝，描述勝於評論

與金次長面對面相互稱讚時，很流暢就說了出來。雖然有些小尷尬，但不管說什麼好話都是稱讚。

可是，突然要我具體說出觀察時，就不知所措了。

「金次長很有誠信。」這句稱讚要佐以具體描述，而我腦中一片空白。這真的不是場面話，但不管怎樣努力回想金次長的誠信樣貌，還是什麼都想不起來。平時我也經常稱讚孩子們，但遍尋所有記憶，再轉換成具體的描述或觀察，依然不容易。從小到大，我也經常聽到大家對我的誇獎，卻不記得曾經具體聽過為什麼會對我說出那樣的話。

1 從觀察中發現，再連結至表達

感謝是在他人為我做某種具體行為的經驗中，感受到感激情緒的現象。感謝會自然而然地延續到對話中。**對話中的感謝，認可且表達了自己之所以能夠達成想要的結果，是因為有某人的努力與貢獻。**

感謝是在認知到自己的核心需要從他人那裡得到滿足時出現。這與站在評論者的立場對某人表達正面判斷的稱讚，顯然有所區別。

練習 1

回想一下曾經稱讚的人，然後寫下對他們做過的正面判斷。

範例

兒子→我的兒子很老實。

丈夫→我的丈夫很謹慎。

妻子→我的妻子很聰明。

練習 2

你能否意識到上述文句源於我們自動化思考的「正面判斷」？也就是說，這些來自從評論者的立場所做的「做得好／做錯了」、「好／壞」、「對／錯」判斷。請與夥伴自在分享任何相關想法或心情。

稱讚並不是壞事，只是源於評斷的稱讚，與源於觀察的感謝是不同的。如果內心真誠，源自評斷的稱讚是有用的，具體觀察而來的感謝也是有用的。但在偏橫向的關係中，祝賀人們能為彼此生活奉獻的力量，則是來自感謝。

2 感謝的力量

感謝強化了我們所屬團體、家庭、組織人員之間的合作與相互信任，更深化了彼此的關係。習慣感謝的人對於生活的滿足度高，且更能承受高壓狀況。這顯示了感謝對於個人的精神健康也有助益。

心理學教授麥卡洛（Michael E. McCullough）❹曾指出，人們在感受到感謝之情時，會做出親社會、符合道德的行為，抑制破壞性的人際關係行為。而我在為企業進行對話訓練時，時常觀察到因為相互表達感謝而眼眶濕潤的男士們。當主管向部屬傳達由衷感激時、部屬向主管也如此做時，就會目睹到忍不住淚水而爆哭的情形。

在家庭中又如何呢？真實的感謝會讓夫妻之間有力量尋找對彼此都有幫助的事物。而且，在父母習慣表達感謝的家庭中長大的孩子也會樂於協助他人、奉獻生活。仔細觀察家庭、職場和周遭的人，就能從原本苦惱鬱悶的問題中發現感謝。表達了感謝之後，人與人相互連結，更能樹立溫暖豐富的樣貌。

諸如此類的感謝，有助於深厚關係的形成，引導出他人的情緒支持。感謝，也與願意原諒人的心理有關。就算討厭一個人，只要想起感謝他的地方，任何人都會產生緩和討厭心理的記憶。此外，感謝是許多研究者的研究主題。他們發現，感謝不僅提升了對於生活的滿足感，也增強了日常活動的動機。

❹麥卡洛（Michael E. McCullough），是邁阿密大學的心理學教授，社會與臨床心理學實驗室主持人。其研究重點是人類的道德情感，如寬恕、復仇欲和感激。

關於感謝在生活中的實際效果，《快樂迷思》（The Myths of Happiness）[5]一書作者索妮亞・柳波莫斯基（Sonja Lyubomirsky）[6]曾經說過以下幾點：

①表達感謝，自己的價值與自尊心會得到強化；

②經常感受與表達感謝，憤怒、悲痛、貪慾等負面情緒會變得溫和，個人的正面性情則會愈發活躍；

③想著感謝的事，更能好好品味生活中經歷的正面事物。

練習 3

寫下自己比別人更出色、做得更好的五個地方。

練習4

寫下日常生活中內心感謝的五件事。

在與感謝相關的一項研究中，請一組人寫下過去一週所經歷比別人更成功、更出色的事，另一組人每天寫下三件值得感謝的事，兩組進行比較。

一週後，寫下感謝事件的組別擁有較高的生活安寧感，即滿意度。這樣的結果意味著，就生活滿意度的提升來看，比起不斷發掘自己比別人做得更好的東西，更重要的是從自己的經歷中發現值得感謝的東西。請各位與夥伴分享看法。

透過這樣的個人作業，確實效益良多。而且，如果能以健康的方式進一步向對方表達感謝，我們的收穫將會更多。感謝，正是連結我與對方，用有意義的關係建立而成的珍貴禮物。

祝賀擁有為彼此奉獻的能力

我家有三個孩子。多年來，住在大邱的母親每逢放假就來首爾，幫忙照顧孩子們。他們都還是小學生，所以家裡每天都像戰場一樣。我們是雙薪家庭，所以孩子放假時最為苦惱。雖然他們

❺中譯本書名為《練習，讓自己更快樂：破除快樂迷思，讓生活更快樂，人生更充實》，久石文化出版，二〇一六年。

❻索妮亞．柳波莫斯基（Sonja Lyubomirsky），加州大學河濱分校心理系教授。她在人是否能愈活愈快樂這方面的研究成果，已獲頒坦伯頓正向心理學獎，並獲得科學計畫、坦伯頓基金會、美國國家心理健康研究中心提供的經費支持。

會去安親班，但還是隨時得為不同作息的孩子們準備餐點、物品等。不僅如此，只要一個孩子生病，又得額外費心照顧生病的孩子，要做的事情真的很多。所以這四年來，每逢寒暑假的時候，母親索性就來幫忙照顧孩子，但我卻一次也不曾對這麼做的母親說聲謝謝。

不久前，老二在學期中住院了一個多月，母親也特地到醫院照顧孫子。我認為太太有給足孝親費就好，所以一次也不曾向母親道謝。只是說：「您很累吧，辛苦了！」之類的話。

在課堂上想到這件事，就按照練習程序寫下來。雖然是必須說的話、想要說的話，但試著像對母親表白一樣唸出來時，還是覺得非常難為情。我甚至懷疑自己能否說出這些話。不過，聽我說話的夥伴回饋表示：「請務必試試看。令堂應該會很高興。」於是我向母親傳送了簡訊。

1 有時會內心忐忑又難為情

韓文的「感謝」相當於英文的「Gratitude」。該字衍生自拉丁語的「Gratus」，內含讓某人高興的「Pleasing」的意思。意即我們向某人表示真心感謝，裡頭包含了讓對方感動與高興的心意。然而，這過程其實不太容易。尤其，對於韓國中年男性來說，更是如此。我曾與眾多中年男性進行對話訓練。一起哭，一起笑，他們的淚腺真的很發達，有時會想起去世的父親而哭泣，想起勞苦的母親而流淚，想到未能好好照顧妻小而心痛；為曾經如鞭子般斥責錯誤的日子感到難過；為沒能將感激之事放在心上的歲月感到後悔。如果我請大家暫時放下這樣的心情，寫下且說出對家人的感激之情，他們會尷尬笑著表示難以說出口。此時，就請大家一起高聲唸出這句話：「如果我們覺得不合適，就別做。但如果是難為情，就克服過去！」

2 覺得難為情卻真心誠意的五階段程序

第一階段：靜默自問與確認意圖。

——我是真心的嗎？

——我是以觀察者，而非評斷者的身分嗎？

第二階段：我的記憶、我的所見所聞是如此。

範例 媽媽，老二生病住院五十天期間，您從大邱趕來，代替我們夫妻倆每天在醫院照顧他。尤其是您說醫院餐點不好吃，還親自煮了振浩愛吃的鮑魚粥。

第三階段：我當時是這種心情，幸虧有你，我的需要得到了滿足。

——請參考「情緒感受分類一覽表」（第一〇七頁）及「需要分類一覽表」（第一三三頁）

範例 當時我不知道有多麼感謝與歉疚。託媽媽的福，我們真的非常安心，您的悉心照料，讓我感受到無比溫暖。

第四階段：所以，謝謝你，我以後也會這麼做。

範例 託媽媽的福，我以後會重新思考怎麼樣愛子女。而且從媽媽那裡得到的愛，這一生也會回報您、好好孝敬您。

第五階段：謝謝你。（聽完我的話，願意告訴我感想嗎？）

範例 媽媽，謝謝您。（稍待片刻，傾聽母親的反應。）

連結對話練習

按照上述的五階段程序一一寫下來，然後與夥伴分享。

1 認知與表達意圖。

2 我的所見所聞是如此。

3 我當時是（這種）心情，幸虧有你，我的（這種）需要得到了滿足。

4所以，託你的福，我以後也會（這樣）做。

5謝謝你。（聽完我的話，願意告訴我感想嗎？）

※能夠意識到對某人存有感謝之心的人，真的很棒。而且，能夠具體描述與表白自己的內心，是真正有勇氣的人。而能夠傾聽對方表白心聲的人則是真正擅於對話的人。相互確認能夠為彼此人生帶來幫助的過程就是感謝。此一確認過程悄悄告訴我們，人生絕不是單獨一個人，即使在孤獨艱難中也存在著支持的力量。

特別致謝……

本書綜合了非暴力溝通、死亡學、認知行為治療、基模療法等四門學問的學習與臨床經驗。讓我回想起曾經教過我的指導老師、一起學習成長的同事、學員與前來諮商的人們。

感謝開發非暴力溝通且向世人宣揚的馬歇爾・盧森堡（Marshall B. Rosenberg）老師，以及教導我非暴力溝通的凱瑟琳・韓（Katherine Han）老師。馬歇爾老師終生在世界各地調解衝突與訓練對話，在接受其指導而學習非暴力溝通逾十年的過程中，我遇見了親愛的同事們，而且在擔任韓國非暴力溝通中心認證講師期間，與學員們一起分享傳授對話溝通的真正性質和深度，我也從中成長許多。

感謝十餘年前首度將死亡學引入韓國的高麗大學死亡教育研究中心主任暨韓國死亡教育學會會長任炳植❶指導教授。在與教授研習死亡學的過程中，我學到了學問無法單憑文字、口舌與頭腦，還要透過生活表現出來才算完成。這不僅是身為醫生曾經陪伴八百多名臨終病人的經驗，也是教授實際在生死關頭前走一回的人生智慧，轉化為無法用文字領會的重大學習。我深刻認識到，當死亡這個詞彙鮮明清晰地存在生活中時，便能實踐帶著體恤心的溝通，建立真誠的關係。在日常生活中，認識死亡的訓練才是最佳的對話練習法。

感謝METTAA研究所所長暨國際基模治療學會（ISST, International Society of Schema Therapy）認證基模治療專家崔英熙❷教授。在METTAA研究所工作期間，透過教授的治療過程，得以學習與觀察病人如何自我治療的復原過程。同時由衷感謝教授在百忙之中協助審校本書的自動化思考、認知扭曲、基模（核心信念）部分。

最後，深深感謝在過去十幾年間，相信始終不完美、現在依然在學習中成長的我，以及將自己的生活託付給我的對話訓練學員與前來諮商的人們——這些在邁出一步也很費力、有時連呼吸都感到痛苦的狀態下，辛辛苦苦來訪的人。**我承認，在相對而坐、又哭又笑的訓練對話、調解衝突、敞開受傷心靈期間，我們心中積累的信任是我之所以能夠不放棄直到今天的唯一強大動力。**親眼目睹大家的眼淚變成微笑、傷口化為模糊痕跡，對我來說就是最大的喜悅。若是藉由本書能

❶人名音譯。

❷人名音譯。

對某人的人際關係有所幫助、生活得到修復，我最先想要分享的對象就是我熱愛這一切喜悅與意義價值的學員和前來諮商的人們。

參考文獻

- 《對話通暢，職場通暢》，朴宰蓮著，遠見與領導出版，二〇一六年。目前尚無中文版。
- 《心理圖式治療》（Schema Therapy: A Practitioner's Guide），傑弗瑞・楊（Jeffrey E. Young）等合著，目前尚無中文版。
- 《正念減壓初學者手冊》（Mindfulness for Beginners: Reclaiming the Present Moment and Your Life），喬・卡巴金（Jon Kabat Zinn）著，陳德中、溫宗堃譯，張老師文化出版，二〇一三年。
- 《同理心優勢：六個習慣，讓你擁有脫穎而出的溫柔競爭力》（Empathy: A Handbook for Revolution），羅曼・柯茲納里奇（Roman Krznaric）著，黃煜文譯，先覺出版，二〇一四年。
- 《給予：華頓商學院最啟發人心的一堂課》（Give and Take），亞當・格蘭特（Adam

Grant）著，汪芃譯，平安文化出版，二〇一三年。

- 《練習，讓自己更快樂：破除快樂迷思，讓生活更快樂，人生更充實》（The Myths of Happiness），索妮亞・柳波莫斯基（Sonja Lyubomirsky）著，謝明宗譯，久石文化出版，二〇一六年。
- 《非暴力溝通：愛的語言》（Nonviolent Communication: A Language of Life），馬歇爾・盧森堡（Marshall B. Rosenberg）著，蕭寶森譯，光啟文化出版，二〇一九年。
- 《內隱情緒調節心理學》，桑德・庫爾等合著。目前尚無中文版。
- 《自我調節的生物行為基礎手冊》，桑德・庫爾等合著，目前尚無中文版。
- 《現實治療法》，威廉・葛拉瑟著。目前尚無中文版。

為什麼愈溝通愈受傷
告別情緒崩壞，擺脫慣性溝通，解開扭曲關係的 51 個對話練習
나는 왜 네 말이 힘들까

作　　者　朴宰蓮
譯　　者　賴姵瑜
封面設計　許紘雄
內頁排版　陳姿秀
行銷企劃　蕭浩仰、江紫涓
行銷統籌　駱漢琦
業務發行　邱紹溢
營運顧問　郭其彬
特約編輯　吳欣恬
責任編輯　賴靜儀
總 編 輯　李亞南
出　　版　漫遊者文化事業股份有限公司
地　　址　台北市105松山區復興北路331號4樓
電　　話　(02)2715-2022
傳　　真　(02)2715-2021
服務信箱　service@azothbooks.com
網路書店　www.azothbooks.com
臉　　書　www.facebook.com/azothbooks.read
營運統籌　大雁文化事業股份有限公司
地　　址　台北市105松山區復興北路333號11樓之4
劃撥帳號　50022001
戶　　名　漫遊者文化事業股份有限公司
初版1刷　2022年5月
初版3刷　2023年6月
定　　價　台幣450元

ISBN　978-986-489-628-8

國家圖書館出版品預行編目 (CIP) 資料

為什麼愈溝通愈受傷：告別情緒崩壞, 擺脫慣性溝通, 解開扭曲關係的51 個對話練習 / 朴宰蓮著 ; 賴姵瑜譯. -- 初版. -- 臺北市 : 漫遊者文化事業股份有限公司, 2022.05
360 面 ;14.8×21 公分
譯自 : 나는 왜 네 말이 힘들까
ISBN 978-986-489-628-8(平裝)

1.CST: 人際傳播 2.CST: 溝通技巧 3.CST: 人際關係
192.32　111005419